· 四川大学精品立项教材

（第三版）

大学生心理健康

DAXUESHENG XINLI JIANKANG（DISANBAN）

主　编　王英梅

副主编　冯　佳　格桑泽仁　张　莹

编　委（以拼音为序）

陈　瑶　刘昌波　罗　莹

汤万杰　王瑾一

四川大学出版社
SICHUAN UNIVERSITY PRESS

图书在版编目（CIP）数据

大学生心理健康 / 王英梅主编 . -- 3 版 . -- 成都 :
四川大学出版社，2024.8（2025.7 重印）. --（四川大学
精品立项教材）. -- ISBN 978-7-5690-6992-1

Ⅰ . G444

中国国家版本馆 CIP 数据核字第 2024BR3481 号

书　　名：大学生心理健康（第三版）
　　　　　Daxuesheng Xinli Jiankang（Di-san Ban）
主　　编：王英梅
丛 书 名：四川大学精品立项教材

选题策划：唐　飞
责任编辑：吴连英
责任校对：孙明丽
装帧设计：墨创文化
责任印制：李金兰

出版发行：四川大学出版社有限责任公司
　　　　　地址：成都市一环路南一段 24 号（610065）
　　　　　电话：（028）85408311（发行部）、85400276（总编室）
　　　　　电子邮箱：scupress@vip.163.com
　　　　　网址：https://press.scu.edu.cn
印前制作：四川胜翔数码印务设计有限公司
印刷装订：成都金龙印务有限责任公司

成品尺寸：148mm×210mm
印　　张：4.75
字　　数：115 千字

版　　次：2016 年 8 月 第 1 版
　　　　　2024 年 8 月 第 3 版
印　　次：2025 年 7 月 第 2 次印刷
定　　价：25.00 元

扫码获取数字资源

四川大学出版社
微信公众号

前　　言

　　大学生是国家的栋梁，正处于人生的黄金时期，也处于人生的重要转折期，他们开始独立自主地面对人生，形成自己成熟的世界观、人生观和价值观。大学生在面对自我、生活和人际关系时，需要增强对自我和社会的认识，需要得到正确的引领和指导，以获得宝贵的心灵成长体验。心理健康教育对于大学生来说，其重要的意义在于客观认识自我、完善健康人格、促进个人成长。

　　目前，大学生的心理健康教育日益受到全社会的关注和重视。教育部 2011 年印发的《普通高等院校学生心理健康教育课程教学基本要求》（教思政厅［2011］5 号）、2018 年颁布的《高等学校学生心理健康教育指导纲要》和 2023 年教育部等十七部门联合印发的《全面加强和改进新时代学生心理健康工作专项行动计划（2023—2025 年）》，对高校开展大学生心理健康教育提出了明确的要求，也规范了高校学生心理健康教育的基本内容，对大学生心理健康教育工作起到了积极的推动作用。

　　为了贴合当代大学生的心理需求，更好地开展大学生心理健康教育工作，我们进行了积极的探索，总结了二十余年来从事心理健康教育教学的经验以及大学生心理咨询和辅导的心得，按主题分类划分章节，设计了这本教材。其内容既有和个

1

人成长密切相关的"自我""情绪""生命教育"，也有和在校生活紧密联系的"学习""沟通""恋爱"，为了让学生在面对突发事件时可以更科学、更有效地应对，还专门设计了"危机干预"和"急救"专题。

《大学生心理健康（第三版）》强调时代性、科学性，重视体验性和实践性，将知识学习和实践技巧结合起来，注重体验式教学。每个章节均以一个故事或者寓言作为引言，导出章节的主要内容，在理论介绍上力求简明扼要、深入浅出，同时以问答的方式针对学生最为关注的热点问题进行了详细阐释，还提供了拓展阅读信息供有兴趣的学生深度了解和学习。

本书是团队合作的成果，凝聚着所有团队成员的辛勤付出。编写分工如下：第一章，王英梅和格桑泽仁；第二章，格桑泽仁；第三章，刘昌波；第四章，罗莹；第五章，王英梅；第六章，冯佳；第七章，汤万杰；第八章，王瑾一；第九章，陈瑶。

最后，祝愿每一位大学生都可以顺利适应和度过大学生活，以乐观、进取的精神状态去创造自己的美好人生。

编　者

2024 年 4 月

目　　录

第一章　概　　论

一、心理健康教育的重要性

习近平总书记在全国卫生与健康大会上强调，要加大心理健康问题基础性研究，做好心理健康知识和心理疾病科普工作，规范发展心理治疗、心理咨询等心理健康服务。

大学生是国家的栋梁、民族的希望。大学阶段正值大学生世界观、人生观、价值观形成的重要时期，高校做好新时代心理健康教育工作，事关培养堪当民族复兴大任的时代新人的历史使命。新时代赋予了心理健康教育新内涵、新意义，提出了新要求、新任务，进一步深化高校心理健康教育工作，推动形成符合中国国情、富有中国特色的心理健康教育川大模式，是四川大学落实立德树人根本任务，实现为党育人、为国育才目标的重要保障。

二、心理健康教育的任务

习近平总书记明确指出：“要历练宠辱不惊的心理素质，坚定百折不挠的进取意志，保持乐观向上的精神状态，变挫折为动力，用从挫折中吸取的教训启迪人生，使人生获得升华和超越。"① 意志品质是青年学生砥砺奋斗的"原动力"，培养意志品质，就是要锤炼坚强的进取精神，历练不怕失败的心理素质，保持乐观向上的人生态度，百折不挠，愈挫愈勇。

心理健康教育的任务是面向全体学生，坚持正面教育，根据大学生身心发展特点，遵循教育教学规律，聚焦心理发展主题，培养他们良好的人格特质和积极的心理品质；不断提高大学生适应社会生活的能力，引导大学生正确认识"义和利、群和己、成和败、得和失"，培育大学生自尊自信、理性平和、积极向上的健康心态，促进大学生心理健康素质与思想道德素质、科学文化素质协调发展。

心理育人作为人才培养体系的重要组成部分，具有坚定理想信念、塑造健全人格、磨砺意志品质、培育健康心态的重要作用。其蕴含的人文关怀精神，对人尊重信任、理解共情的态度是做好育人工作的基础，也必定能够提升培根铸魂、启智润心的实效性。因此，心理育人关乎思想政治教育的高质量发展，关乎立德树人根本任务的全面落实。

心理健康教育是一种以人的发展为目的的教育实践活动，促进学生的全面发展是其根本出发点和目标。心理健康教育具有不同于学科专业教育的特点，它特别强调潜移默化的影响，重视润物无声的教育效果。心理健康教育的主体是人，只有个体积极主动参与，心理健康教育的效果才能最大化。高等学校心理健康课程体系是心理育人的重要载体，心理健康课程的宗旨就是落实立德树人的根本目标和全过程育人的基本要求。

---

① 习近平. 习近平谈治国理政：第一卷［M］. 北京：外文出版社，2018：54.

三、心理学的文化适应性与本土化议题

心理学在我国是一门从西方引进的学科。30 多年来，心理学的本土化和心理学研究的本土化定向是心理学界讨论的热点问题。这是由于西方心理学起源于西方哲学和西方文化，其理论和结论并不能完全解释和预测中国文化背景下人的心理和行为，在解决中国人实际问题时也会遇到困境。

对于文化与心理学关系的研究伴随着本土心理学、文化心理学的发展，"文化适用性"是学者们始终注意和思考的重点。学者杨国枢指出，本土心理学是一种在本土契合条件下所建立的心理学知识体系；美国心理学会前主席杰罗姆·布鲁纳则倡导心理学研究把知识主体和主体所在的社会/文化脉络连成一气。

早在心理学作为一门学科进入中国之前，中国历史上的思想家、哲学家就已经用独特的视角对人的各种心理现象进行了探索。早期典籍如《诗经》《周易》《尚书》等书中就明确记载了关于人的个体心理体验过程、自我意识、身心关系、群体心理等心理学思想。到了春秋战国时代，老子、孔子、墨子、庄子、孟子、荀子等思想家，确立了以人性论为主线索的哲学观，奠定了中国化心理思想的根基。后世各时代的思想家从思辨和实证两个维度对心理现象进行了更加丰富和深入的研究，许多成果与现代心理学的结论相符，至今仍具现实意义，比较有代表性的当属王阳明的"心学"思想。不过，中国古代心理学思想虽历史悠久，但由于长期缺乏科学的手段而未能发展成一门独立学科。

19 世纪后期，西方心理学开始从哲学中独立出来。1879年，威廉·冯特在德国建立的第一个心理学实验室标志着科学

心理学的诞生。近现代以来，西方科学体系占据主导地位，哲学、人类学、社会学和心理学飞速发展，学科交叉趋势不断发展，为当前我国的心理健康教育、心理咨询和心理疏导提供了重要的理论与技术基础。

随着我国心理咨询行业的发展和成熟，心理咨询从业者和科研工作者逐渐意识到东西方文化的差异：西方的心理咨询理论和流派，其根本指导思想是西方背景下的价值观，倡导人的个性化发展；而我国倡导爱国主义和集体主义，更加注重人与社会、人和人之间的和谐相处。个体是社会的组成部分，也是社会文化的产物，人的心理行为与其国家和民族的文化背景与文化模式相契合，文化是影响心理咨询的重要因素。鉴于此，专家和学者都在积极探索心理咨询"本土化"的概念和方式。

四、心理健康教育与心理理论的川大探索

近30年来，后现代主义在西方心理学界兴起，正在改变主流心理学单一仿效的自然科学模式，倡导人文精神的回归。人的心理和行为除了受人的生物特性影响，也会受到其所处的特定的文化传统、生态环境和个人经历等因素的影响。文化与行为，文化与思维密不可分，价值观决定行为，价值取向决定人的发展，这些观念已经成为东西方心理学界的共识。

中国特色社会主义进入新时代，高等学校应从心理健康教育角度回应、研究社会变革和社会变迁给当代大学生在心理层面、精神层面带来的巨大变化，总结、提炼中国特色高等学校心理健康教育的新理念、新范畴、新表述，这样不仅能为大学生成长、成才助力，还具备跨越国界的全球启发性，为心理健康教育领域贡献中国智慧与中国方案。不断学习国际先进经验，选择适合中国国情的理论与技术，以本土化的视角验证、

对比国内外研究成果，探索中国大学生心理发展中特有的心理现象，建立具有中国特色的心理健康概念、理论与方法，是当下我国心理健康教育的重要任务。

基于此，中国人的原创心理学——得觉理论在四川大学诞生了。得觉理论以中国人的心理与行为为主要研究对象，以揭示人类心理发展规律为基本任务，以社会现实为主要服务方向，是一套从人的自我关系这一最基础的本来状态出发，研究人的思维模式、行为模式、感受模式、体验模式，并探索人本身所具备的特质和独有能力的理论体系。

得觉理论精选中国人熟悉的概念和术语，精准剖析人的内在自我关系，旨在发展出一套解释中国人社会心理与社会行为的模式理论。同时，该理论也在积极寻找适合中国人的心理测量工具，期望以此建构符合中国国情的心理健康教育的学科体系、学术体系、话语体系，从而走出一条既有中国特色又能与世界进行对话的学术发展之路。目前，得觉理论体系还在不断完善、发展中，主要分为四部分：自我理论、恩怨理论、墙角理论、迷明理论。本书基于《高等学校学生心理健康教育指导纲要》的需要，将在第二章重点介绍其中的自我理论。

（编写者：王英梅 格桑泽仁）

第二章 自　　我

不知你有没有发现，我们每天的生活是由无数个类似的"对话"组成。我们大部分人都会有这类经历：冬日清晨，天还没亮，外面寒风凛冽，甚至还飘着雪花，这时闹铃响了，你蜷缩在温暖的被窝里，内心产生了对话。一个声音告诉你："快点起床，否则就迟到了！"另一个声音马上说："好冷哦，再睡一会儿吧。"

最终，你也许是从温暖的被窝里艰难地钻出来；也许是告诉自己还可以再睡五分钟；甚至也许是抱着破罐子破摔的心情关掉闹钟，任由自己彻底放纵一次——无论做何选择，最终呈现出来的一定是两个声音相互妥协的结果。

其实，无论何时何地，当你需要做出选择的时候，都一定会有两个声音跳出来。甚至当你面对众多选择的时候，你也会先排除最容易放弃的选项，在最后两个选项之间权衡。因而斗争的本源，还是这两个声音。

有时它们偏重明显，很容易做出选择；有时它们却势均力敌，这时候，想要做出选择就可能变得非常艰难。

　　大一新生刚刚结束了紧张而漫长的高中时代，踏入丰富多彩、相对轻松的大学生活。面对两种不同的生活节奏，以及学习和生活方式上突如其来的变化，大一新生们很容易陷入迷茫，因此，我们将这个阶段称为大学适应期。

　　在大学适应期中，不论是日常小事，如决定早晨起床和晚上睡觉的时间，还是重要的选择，如是否投入精力参加社团活动，乃至更为深远的考量，如是否需要转换专业，新生经常需要独立做出选择。每当他们需要独自面对这些选择时，内心往往会浮现出不同的声音。"反复纠结，选择困难"是大一新生最常见的"迷茫"状态。

　　想要克服这种"迷茫"，要求我们处理好自我冲突。而要解决这两种声音的冲突，首先得知道如下问题：它们分别是什么？从何而来？这两种声音之间如何互相交流乃至相互影响？它们存在着怎样的关系？只有了解并掌握了这些问题的答案，我们才能思考自己面临不同声音之间的冲突时该如何做出选择，克服迷茫。

　　回到最开始提到的早晨起床这一情境，在面临起不起床这个选择时，我们内心出现了两种声音。这两种声音好像是随问题出现而出现的，这个过程如此自然，以至于我们几乎完全忽略了它。因而，鲜有人会思考，内心的两个声音来自何方。

　　有人可能会想，这有什么好思考的，这两种声音都来自我们自己。

　　是的，这一点毫无疑问。但如果你真的去探究，就会发现，这两种声音，虽然都来自"我们自己"，却又同时代表了两个截然不同的自己。换句话说，虽然这两种声音都来自我们自己，但是它们却代表了一个个体的不同立场。

具体而言，早晨起床这件事，主张赖床的一方，关注的是自己当下更直接的感受——如果我继续留在被窝里，身体舒服，因为这里既柔软又温暖。而主张起床的一方，它所关注的是违背自己的社会角色可能带来的惩罚——如果我不能马上从床上爬起来，就不能准时上课，就会违反纪律、受指导员批评、影响成绩等。

那了解这些对我们做选择有什么好处呢？因为通常情况下，即使我们知道有这两种声音，也依然很难做出选择。

其实要解答这个问题，还是需要回到那两种争执的声音上。它们就像两个任性的"小人"，各执一端，互不相让。无论你做出怎样的选择，都是这两个"小人"对话、博弈、妥协的结果。倘若把自己稍稍"割裂"一下，你就会惊讶地发现，这两个主张不同的"小人"一直存在于我们的头脑里，它们都来自"我们自己"，但对待事情的反应、看法、思维的出发点却大不相同，甚至截然相反。它们时时刻刻都在对话、博弈，而对话和博弈的结果，就是我们每个人不同的思维方式和行为模式。

得觉自我理论，将我们内心一直在对话的两个"小人"分别称为"自"和"我"。它们是我们内心对话的重要组成部分，并承担着截然不同的作用和价值。现代的研究者或历史上的探索者都研究这对话从何而来和"为什么会这样"，得觉自我理论却选择先不去回答这些问题，而是先把感知到的两个"小人"用"自"和"我"确定下来，这个环节就如同在一个混乱无序、经常拥堵的十字路口安装上一个红绿灯，一旦定下来"自"—"我"，也就给纷乱的心安装上了心灵的红绿灯（"自—我"心灯）。那么，我们再重新回到了刚才的问题：它们分别是什么，从何而来？它们彼此之间如何交流乃至相互影响？它们之间存在着怎样的关系？

 心灵导语

一、"自""我"的概念

（一）什么是"自"

"自"是与生俱来的，是不需要后天学习，且与自然互通的信息、能量。人在刚出生的时候虽然不知道冷、热这些概念，却能够感觉到冷热。同样，我们也能感受到轻松、温暖、愉悦、害怕、愤怒，以及他人的快乐和愤怒，尽管我们刚出生时并不知道这些概念。这种与生俱来的感觉、信息、能量就是"自"，是自发地带着信息、能量以"情"的形式显化或传递给别人，这种状态的互动会随宇宙更迭而动，随自然环境而动，随人的影响而动，所以我们的情绪会起伏波动、会时好时坏，我们的感觉也在时时变化。"自"追求生物的本能，享受快乐，享受安全，没有概念，没有规矩，只有规律，一直在动，一直在变。它寻求舒适，为了更加舒适，"自"会生出各种念头。

比如早晨起床这件事，主张赖床的一方，其实就是"自"，它关注当下更直接的感受——如果继续留在被窝里，身体会很舒服，因为这里既柔软又温暖。像"舒服""烦""危险"这些感受都是由"自"生出来的念。它们都属于生物的本能，因此，"自"可以随时随地从自然界接收到很多信息。

我们也可以用足球里面的气体来比喻"自"。足球是圆的，是因为里面充满了气。踢足球时，你看不到足球里面的气，却

能真实地感受到它的存在。"自"也一样，它是人体内隐的部分。"自"属于我们内在真实的感受和体验，自卑、自信、自负、自爱……这些都是用概念概括的我们对自己的看法，是对内的，揭示的是我们跟自己的关系。

于是，我们得出结论：

"自"是一个集合概念，它代表了人类对世界万事万物本在的感觉，代表了人类自身蕴含的能量。

"自"是与生俱来的，是信息、能量、感觉、体验，是不需要后天学习，且与自然连接的一种存在。

"自"顺应天地自然规律，随着宇宙的更迭而变化，随着自然环境的改变而运动。它以"情"的形式显化，并且展示给别人。

"自"是人类情绪、情感、信息和能量的来源，是人的自然属性。"自"的活动形式主要是感觉和情感体验。这种体验有的时候是一种无意识层面的、懵懂的身心感受；有的时候可以上升到意识层面，被语言所表达。无意识的体验是"自"的原始活动形式，有意识的体验是"自"更高层次的发展。

（二）什么是"我"

"我"实际上就是人际关系、社会关系中，我们经常提到的那个"我"。例如："我来自北京""我是一名律师""我是老师""我是爸爸"，等等。"我"是"自"在社会关系中的存在形式，在别人眼里，"我"是另一个字——"你"。

"我"一般是由标签、面具和社会角色构成。一个人出生时，父母或其他长辈等会为其取名字，从而给其贴上了"王某某""李某某"的标签。一开始，自己并不知道这个由他人决定的标签，当周围人不停地叫这个标签，多次重复，自己就会慢慢认可这个标签，于是这个名字就成为和自己有关的概念了。

认可这个标签后，自己就会发现这个标签蕴涵了许多新的内涵，如"乖""漂亮""孝顺""聪明""能干"……当自己在意并认同其中的某些内容，便形成了自己的面具。

这个面具从幼小的时候起便被家人、老师、伙伴以及陌生人一次一次地确认，一次一次地认同，并一次一次地被自己感受和确认，直至它与我们融为一体。一旦形成一种自我确认的面具后，我们就会戴着这个面具去扮演我们认为的自己，同时愿意担当起面具背后的责任，这就使我们有了角色。

我们的角色总是多样的、非单一的：作为儿女，我是孝顺的、懂事的；作为男孩，我是勇敢的、坚强的；作为女孩，我是温柔的、善良的；作为大学生，我是独立的、青春的；作为负责人，我是认真的、干练的……不同的角色在外部呈现着不同的面具。

举例而言，小孩子撒了谎，于是就戴上了"说谎"的面具，爸爸妈妈会教育他说谎是不对的，这种教育其实就是对他这种面具的不认同。而小孩子感受到爸爸妈妈的不认同和不高兴，往往也会反过来怀疑"说谎"这个面具，拒绝对这一面具进行自我确认，于是"说谎"这个面具就难以被认可，难以成为他角色的一部分。与之对立，有些父母会引导孩子要勇于承认错误，鼓励孩子要诚实守信，并在孩子践行诺言时夸奖他，给予认同，身边的人也会予他以支持，于是诚实守信这一面具就得到外界反复的确认，孩子也就在整个过程中反复感受这一面具并最终实现了自己对它们的确认。

从这个例子中我们可以看出，如果一个角色被大家一次次地不断认同，在社会里，在人群中，在自己的心里，就形成了一个"角色—面具—标签"或"标签—面具—角色"的模式，久而久之，我们就会习惯于用这个模式里的标签、面具和角色生活。于是，"我"就在这些自己完全忽略的习惯中逐步形成了。

"我"是负责对外交流的，是后天逐渐组装起来的一套程序。比如，从幼年到现在，我们的成长经历，所学的知识，所养成的习惯，以及吸收的世界观、人生观、价值观，让我们程序化地组装成为现在的"我"。一个人可以拥有很多的"我"，因为在社会中我们往往扮演着不同的角色，因此，"我"是一种对外的存在，被用来和外界交流，是一个和外界交流的媒介，是人的社会属性。

"我"在扮演角色的时候，会产生责任、压力，如果能积极面对、顺利完成，说明"我"的能力就较强。如果不能面对，就会感觉到累、无助，那么"我"的能力就较弱。"我"很容易受到社会的影响，就像远古的戏、现代的戏，所用的面具都有一个不断发展和更新的过程。"我"会产生从众的需求，受到社会、时代和环境的影响。

人所有的关系，可以简化为人与外界的关系和人与自己的关系。人与外界的关系总是会在角色里面去构建，比如在家庭中的角色，在社会上的角色等，这是一个人外显的部分，得觉把这一部分称为"我"。"我"是生来没有的，是在后天成长过程中逐渐组装起来的，是对外进行交流和沟通的工具或媒介，"我"里包含的内容有标签、面具、角色、能力、价值观等。人在对外的活动中，在"我"的层面上，角色是非常丰富的，家庭中、社会上、自然里……这些丰富的角色，就像足球表面的 20 个六边形、12 个五边形，共同组成了一个立体的"我"、多面的"我"。这些多边形外皮，每一块都是组成足球的一部分，但非足球本身。如同每一个"我"都是我，但又不能代表全部的整体的"我"，而人们的诸多角色，就成为别人眼中的"你"、社会中的"我"。

换言之，"我"是一个人多种角色的统一体，是多个角色的集合。角色是什么？角色是一种扮演，而所有的角色扮演几乎都需要观众，需要对象。因而，我们所说的"我"，是对外的存在、是众多角色的外在表现、是负责跟人交流的。

于是，我们得出结论：

"我"是一个集合概念，它代表着标签、面具和社会角色，它代表着人后天的所有知识、经验、习惯、能力和价值观。

"我"是负责对外沟通和交流的一个工具和媒介，是人在后天逐渐组装起来的一套程序，是人的社会属性。

"我"是"自"在社会关系中的存在形式，是一个人外显的部分。在别人眼里，就是另一个字——"你"。

二、"自-我"关系

自我关系其实就是"自"和"我"的互动模式、互动关系。

每个人的内心都有不同的对话模式，自己的每一个对话都是用自己习惯的声音在内心进行交流。人最大的内耗就是内心"自"和"我"两种声音不和谐、纠结、难分高下。

自我对话不分种族、肤色，不分语种，不受国界影响，只是每个人在运用方式上有所差异。若对话模式以"我"为主，这种人就比较理性，理性的人喜欢用逻辑思维思考问题。若对话模式以"自"为主，这种人就比较感性，感性的人主要依赖于个人的直觉、情感和经验来做出判断。

得觉自我理论认为："我"，是用来跟外界交流的，是人的社会属性，为阴、实；"自"，是对内跟自己交流的，是一个能量的系统，是人的自然属性，为阳、虚。"我"与"事"相关，学习掌握能力，追求成功；"自"与"情"相关，信息互通、能量互动，追求快乐。孤阴不长，独阳不生，阴阳共生，顺乎自然。"自"和"我"不同的匹配和互动方式，让人们呈现出丰富的状态，让人生呈现出趣味横生、多彩立体的画面。

"我"正向的信息传递给"自"，便产生正向的体验，产生正向的念头；"我"负向的信息传递给"自"，便产生负向的体验，产生负向的念头。

在"我"里经由价值观的改变，可以改变信息的性质，或者信息的强度；在"自"里可以直接改变体验和感受。同时，"自"的不好的感受和体验，也可以转化为改变"我"的能力和价值观的动力。

"自—我"就像一粒种子，从得觉体系中发现、显化、破土，将复杂的人与自己、人与他人、人与社会、人与自然的关系简单化、明确化、清晰化。它帮助人们找到自己本来就有的、生长的、茁壮成长的、灵动的动力源。掌握"自—我"关系，了知自我互动方式和外在表现，我们可以主动修炼"自—我"，让其从不和谐走向和谐，从不平衡走向平衡，最后从得到觉悟走向得道觉行。

三、"自"大"我"小

有的人"自"大"我"小（见图 2—1），只求自己舒服，生活在自己的习惯里，不能觉察自己的状态。给人的感觉是以自我为中心，容不下别人，也听不进去建议。

一旦"我"在社会里被别人戳到了他们的某些点，比如怒点，他们的"自"会感受到愤怒。"我"的格局不大，受模式化、概念化或者习惯的约束，有它本身固化的世界观、人生观、价值观。这样的"我"层面低、格局小，无法说服"自"回到平静。所以，"自"大"我"小的人往往脾气比较火爆，有闯劲、遇事容易急躁，不善克制，喜欢竞争，好斗，爱显示自己的才华，处处认为自己是个人物，喜欢显摆，爱秀自己。同时，因为在人群里必须把"我"吹大，来匹配"自"的需要，所以，他们喜欢被别人吹捧，也喜欢吹捧自己，很容易生气，不爱讲道理，有时会胡乱发脾气。

　　只有膨胀的"我"才能满足"自"的需求，这种人在自己天分和习惯的领域里可以表现出一种和谐，展现出独有的热情和能力，做出一番成绩，在有些领域还会取得成功。但他们在人际关系中往往比较脆弱，容易受挫，常存戒心，不安全感重。一旦抓住和拥有了东西、概念、理由，便不愿意放下，个别人甚至为了满足"自"的需求可以抛弃"我"的价值观、尊严、责任。中文里的"自大""自负""自以为是"等词语说的就是这种人。

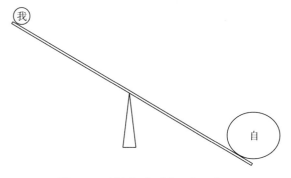

图 2-1　"自"大"我"小示意图

　　得觉理论针对"自"大"我"小，总结了七种原理，分别

15

是破"我"原理、孵"我"原理、挂"我"原理、动"我"原理、非"我"原理、弃"我"原理、定"我"原理。

破"我"原理，就是要借助外力把"我"给破掉，拓宽视野，打开格局。借助外力破"我"，就如同借助钉锤把核桃砸开，把板栗打开，让外壳"我"破散开来，让内在的"自"能量释放出来。破"我"的方法主要有三种。一是我们可以通过聆听宏大的音乐，融进大型活动现场和潜能培训之中，如成千上万人的音乐晚会，足球赛场上的啦啦队，潜能开发的团队训练等，让大家在全身心感受丰富的画面和真实的体感中，进一步拓宽心胸和气度，把"我"的格局打开。二是积极面对人生中巨大的困难、意外的创伤和重大的突发事件，也可以促使"我"打开格局。三是置身于一个全新的、与自己习惯截然不同的环境中，比如突然前往一个陌生的国家，不熟悉当地的风俗习惯，也能迫使我们谨慎、警觉地应对外界，从而拓宽视野，打开"我"的格局。这些打开方式，主要是卸掉"我"里固化的认知、习惯、概念等。当我们格局被打开，最显著的变化是视角、认知和习惯的改变。周围的人会感觉到你变得更加灵活、自然、平和，不再过度与人竞争，变得更加从容、坦然。这种变化不仅有助于个人成长，也能让人际关系更加和谐。

孵"我"原理，就是让"我"开始拥有一个确定的梦想，而且这个梦是要由"我"来孵化出来。这个梦想应根据"我"所在的系统、环境、家庭状况、文化程度、内心格局来构建，孵化一个自己认同的、可想象的、可感受到的、一种全新的梦想。关键在于这个梦想要切实可行，易于个人体验和实施，最好是通过重复现有的某一个项目就能实现的。孵化梦想的过程需要细腻的体验和持续的努力。具体来说，就像每天给梦想

"加温"，周围的人也需要不断地给予重复和支持。如同春秋时期的夫差，他孵的是一个大梦——复国的大梦，每当夫差开始偷懒、走神、不努力的时候，身边的卫士就会大喊："夫差你忘记仇恨了吗？"他是用伤痛和痛苦来孵化梦想。孵化梦想的过程是提升个人已经在做的事情中的精神层面，或者是为现实生活中已有的事物赋予更多的精神内涵。这个过程需要细心和耐心。个人也可以自我孵化，比如每天设定目标后，大声告诉自己："这是多么美好的一天！"这是一种自我激励和自我约束的方式。

挂"我"原理，就是把"我"的某些部分，如同奖状一般，悬挂在墙上，展示出来。挂出来的内容应该是我们自己认可的、社会认可的，甚至是将来可能被社会认可的、有持续发展前景的"我"的部分特质。在这个过程中，我们会逐渐剥离出另一个"我"。这个新的"我"通过欣赏挂在墙上的"我"，就会慢慢拓宽视野和格局。同时，这个新的"我"也会沉下来，去支持和维护墙上的"我"。这种方法非常适合那些视野较窄、固守自我的人。挂在墙上的"我"，是大家认可的一部分。一旦这部分"我"被挂上墙，我们就多出了一个不在墙上的"我"。而这个不在墙上的"我"，就可以悄悄地展开。为了使这个展开的"我"得到认可，它需要观众，需要欣赏和赞美。这种认可可以从家人开始，家人首先认可并欣赏墙上的"我"，鼓励和支持它，然后是周围的朋友、同事。当墙上的"我"得到认可和尊重后，为了维护这份荣耀，人们会更加认真地去扮演这个角色。在这个过程中，人们的格局就会在不经意间被打开，实现自我提升和成长。

动"我"原理，就是让"我"忙碌起来，不停地忙起来。正如古语所说，"迷则行醒事"。对于那些看不清未来、视野有限、想法复杂且容易纠结的人来说，他们内在的能量往往很强，容易在混乱中行动。因此，即便他们的行为看似混乱，也应该让他们继续行动，保持忙碌，不让他们有太多空闲的时间。第一种动法，我们应该引导他们从眼前可做的一些事情中开始动，让他们在一个系统或领域中持续地忙碌。这样，很多时候他们就无法分散注意力在其他领域，可以专注于某个系统或项目。这是动"我"原理中非常重要的引导策略。如果他们无法专注于单一领域，则可以让他们同时在多个系统中忙碌，不让他们有停下来的机会。即使在身体感到疲惫时，这种忙碌对他们而言也是非常有益的。第二种动法，通过各种事情引导他们，推动他们，让他们在不同的任务和项目中来回穿梭，保持忙碌。这种行动方式可以让他们迅速忘记旧有的想法，暂停深入思考。这样的忙碌可以促使他们形成新的行为习惯和思考方式。首先松动的是他们固化的习惯，其次松动的是他们固化的概念，最后松动的是"我"里已经固化的跟"自"连接的感觉。我们希望这样的人能够跟随有目标、有远见的人一起行动，比如加入一个有明确目标的大企业，或者加入一个有共同梦想的团队，或者进入一个很规范、很有节律的企业工作群体。整个过程就是一个动"我"的过程。通过动"我"，我们可以真正地进入一个系统或一个状态，让我们的"我"彻底地松动下来，进而达到自我平衡。

非"我"原理，就是非"我"，"我"非"我"，能够认识到"我"并非固定不变的实体，也即我们不要让自己的"我"认为就是"我"。把所有可以松动和否定的，甚至已经非常确认的"我"，全部给否定，并模拟想象自己是另外一个"我"、另外一个人，"我"所拥有的这一切，包括本领、标签、概念以及认知都视作不是自己的，而只是某一个肉身的标识。我在人生的旅程中只是标签的使用者，是贴着标签的某一个工具、某一个器材、某一个玩具、某一个泥娃娃。"我"是在戏台上的"我"，有可能演的是孙悟空，有可能演的是白娘子，有可能演的是哪吒，但这些都非"我"。因而，非"我"就是把生活中自己所做的一切，都当成是自己在一个舞台上演出。当你已经从感受层面剥离出一个你自己都看不到的"我"，便能更真实地看到自己的不足、缺陷和优势。这时，我们可以运用得觉理论中的缺陷理论，弃缺扬优。"扬长补短"意味着停滞不前，"扬长避短"意味着原地踏步，而"扬长弃短"则是勇往直前。非"我"，就是真正把自己的"我"都当作一个概念。因为人在最后离开人世的时候，所有"我"的标识都要全部放下。因此，我们可以从现在开始学会放下和松动"我"，让我们的"我"就与天地自然共存。这也是修心非常重要的点。

弃"我"原理，与非"我"原理有相似之处，但更具视角的转换性。非"我"原理中，还有一个舞台上的自己，你还能真真切切感受到自己在演"我"。而弃"我"原理则认为那完全不是"我"，主张彻底放下所有自我标识：不要概念、不要认知、不要角色、不要面具、不要标签、不要习惯。面对这样的挑战，人们可能会疑惑：如果这些都不要，那"我"是什么？弃"我"原理给出的答案是：你要始终觉得是"他"在做事，而非"我"在做事，也非"你"在做事。所有的行为和感受都应视为"他"的，而非"我"的。通过这种方式，你就会慢慢地发现，你可以从更高的视角审视自己，你能看透自己的言行举止、习性、格局固化的部分和"我"的部分。这部分修炼需要智慧和理解力，对于智商较高的人而言，这一原理尤其有效，能够迅速带来变化。个别人甚至可以通过这种方式，迅速达到内心的平静，进而学会静心、安心和养心，甚至达到悟道的境界。这是一种深刻的自我超越，能够让人从更广阔的视角理解和体验生活中的智慧。

定"我"原理，是一个确定自我未来形象并坚信不疑的过程。与破"我"、孵"我"、挂"我"、动"我"、非"我"、弃"我"等原理中"定"的部分有所不同，这里的"定"是指确定一个自己未来的自我形象。正如六祖慧能出家时所言，他的目标是成为佛，而非仅仅求佛或成为僧人。他视自己为佛，他的行动亦如佛。通过这种自我定位，一个人可以抛弃所有旧有的格局和程序，放弃、摒弃、废除、动摇、挂起和孵化旧有的"我"。这样的人被称为"不得而觉"，他们通常具有深厚的根基及高智商、高情商，是具有慧根的人。定"我"原理的核心在于将自己定位在未来的某个角色上，坚信自己就是那个人。所有的言行举止都应以那个角色为标准，以此来塑造自己的社会化部分，并感受自己的内心世界。这样的人会从内心深处激发出一种全新的自我对话，这种对话像马达一样，是自主驱动的、自主鼓励的、自主确认的、自主升级的。从和谐迅速走到平衡，然后走到自我融合，最终走到"觉"的世界。

四、"自"小"我"大

有的人"自"小"我"大，没有足够的能力去支撑"我"，常常感到不舒服，想做而无力做，表现为过度谦虚。"我"大，说明在社会中扮演的角色多，但是由于"自"小，人又常常能量不足，表现为无力、退缩、自卑胆怯，就好像一个气不足的足球，很难飞得高、飞得远。因为"我"太大，承担的角色、面具多，但是他们"自"的能量又不足以支撑起所有的角色，所以表现为什么都想做，但又什么都不愿意担当，容易退缩，自卑。

当这一类人在社会中被戳到怒点，他们的"自"会感受到愤怒，但是可能由于"我"的职位不允许，或是面子上过不去，或是受教育程度很高，被灌输了很多道理，贴了很多标签，所以能控制住"自"不将愤怒表现出来。不过即使"我"的知识再广，职位再高，还是只能隐藏起"自"的愤怒，而无法平息它。这是因为"自"太小，而不同意"我"所做的"不发火"的决定。

所以这一类人虽然表现得心平气和，但事实上常处于一种压抑的状态，情绪往往向内发作。因此"自"小"我"大的这一类人常常压抑自己的情绪，特别是压抑怒气，怒而不发，也不善于发泄情绪；在性格上表现为特别能克制、忍让、过分谦虚、过分依从社会、回避矛盾。由于"自"小"我"大，"自"常常抱怨，动力不够，表现为决心多且什么都想做的"我"拖着无力的"自"做事，做事经常虎头蛇尾，很难专心，不能持久，同时情绪化也使得旁人不舒服，还会拖延或阻挠事情圆满完成。

如果我们发现自己是"自"小"我"大的人，或者很要好的亲友是这样的人，应该怎么办呢？

1. 动根原理（见图 2—2）

图 2-2　动根原理示意图

　　得觉自我理论认为，自然界是丰富的，丰富是自然界的法则。每一个人来到这个世界上，一定能找到他独有的领域。只要我们静下心来，细细地去探索和研究，内观自己的内心，观测自己曾经的经历，就会发现我们在某一个领域里比较擅长，并进一步研究：类似我们这样的人，所存在的领域和所喜好的系统。

　　动根原理鼓励我们在任何好坏现象中，去寻找我们感到轻松的并真心愿意投入的事物。通过深入分析自己在某一个项目中的表现，我们可以发现适合自己的领域。当把自己的精力投入进这些领域，我们会发现生活变得更加平衡了，至少更加和谐了。我们不会再像过去一样轻易退缩。

　　根——移动到了我们自己擅长的平台和系统里，自己的内心便会不断地确认自己——"我"的行为。于是，我们的自信慢慢就会恢复，周围的人也会越来越认同我们，不知不觉我们会发生变化。是的，我们的内心开始成长了，我们的生活也开始和谐、幸福了。

　　动根，有时候可以借外力。但是，知道动根的重要性以后，我们还需要知道如何更换系统，继续寻找平台。

　　关键是，我们要知道，我们可以确认的内容有多少。只要我们看得到、觉察得到，我们就要能做得到。相信自己，不是口头说说，而是有行动的支持。最关键的是，我们的抗挫耐力究竟有多大？

"自"小"我"大的人的抗挫力是弱的。所以，才需要借外力——动根。一旦动到了自己擅长的领域，人就踏实了，内心会越来越饱满，自信也会渐渐恢复。

2. 显我原理（见图 2-3）

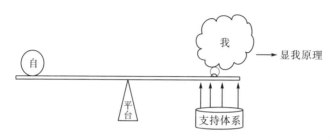

图 2-3 显我原理示意图

"自"小"我"大的人，对"我"的要求很高，"自"却十分无力，往往在"我"受挫以后就会退缩回去。"自"没有力量去面对，更没有勇气去面对。在这种状态下，"自"会让自己极度压抑、退缩，甚至躲避在一个角落里。

如何让自己真正地走出来呢？应该卸载掉虚荣的"我"。把虚荣的面具撕掉，做一个真实的自己，这就是"显我原理"。因为"自"小"我"大，所以"自"往往更敏感，这种敏感的状态会让人受挫。在这种状态下，我们需要找到"我"里已经得到认可的部分，可以一点一点地去寻找，自己找到的可以，他人确认的也可以。

寻找到"我"里得到自己认可，并真真切切存在的"我"的部分时，"自"就可以找到匹配的项目和匹配的"我"，这个时候一点一点地捡回"我"，看到"我"可以显化的部分，确定它并重复它。

就拿我们没办法去面对一件事举例，有时候我们会觉得很委屈，往往通过逃避去处理它。那么，逃避的所有项目中有没有一个既不伤大雅又可以面对的一个项目，我们可以梳理这个项目，总结经验，经验会让我们更有底气去面对、去反抗、去正视自己的内心和现状。只要找到这样一点，我们就会恢复我们的自信，内心就会充满力量。

如果你觉得自己被羞辱，可以提醒自己那只是感觉而已。当然，别人中伤的言语，如果我们不接招，就不会受到伤害，但如果是我们挡不住的招，那就要学会正视它和面对它。

我们要勇于反抗，但是我们应尽量用温和的语言去面对，这会让我们的内心更加平和。先从相对熟悉的项目着手，让自己恢复些微的自信，将自信一点一点捡回来，"自"的能量就会增加，我们的信心也就会增加。这种原理是得觉自我理论独有的显我原理。

如果你是"自"小"我"大的人，请你试一试、做一下，我们就可以感受到"动根原理"和"显我原理"奇妙的魅力。

五、"自"和"我"一样大

有的人"自"和"我"一样大（见图2—4），这是一种平衡的状态。这类人如果被触碰到我们上面讲的怒点，他们的"自"会感受到怒，由于"我"大，他们能够明了事理，不会随意发泄；由于他们的"自"也大，能够包容、认同"我"的价值观，同意"我""不发火"的这一决定。他们的"自我"能量相通，而且达到了平衡。

这一类人往往会表现得心平气和，而且能做到不纠结、不压抑。因此"自"和"我"一样大的人从未感到被时间所迫，亦从未因时间不够用而感到厌烦。除非万不得已，他们不会在别人面前自夸；万事顺其自然，不对别人产生敌意；消遣时，尽兴而返，身心松弛，心旷神怡，与世无争；不易为外界事物所扰乱；很容易使自己放下未完成之事而稍作休息，有做了便放下的自得自然状态。

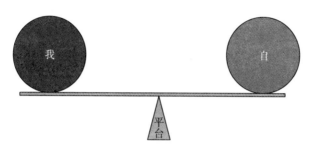

图 2-4　"自"和"我"一样大示意图

六、如何达到自我平衡

随情而语，随意而行，知悟行道，方显得觉。

"自"与"我"的交流中，以趋利避害作为活动准则。我们所看到的"自大""自负"，是在自我的互动中，"自"越来越大，"我"越来越小；而"自卑"则是在自我的互动中，"自"越来越小，"我"越来越大。因此，我们要修炼的是自我的和谐。

当"自"和"我"达到平衡的时候，"自"就接纳了一部分不能完成指令的"我"，更接纳了可以达成目标的"我"，这就是自我关系。要合理地运用这个关系，主要在于改变"自"，因为它不断地产生"念"，让"自"产生合理的"念"、适应环境的"念"、促使成长的"念"，这样自我关系才会和谐。当"自"产生不积极的"念"时，我们可以用"我"的强硬的外加指令和一些重复性的语言、行为、音乐、躯体的体验来改变"自"的念头，自我的对话关系就可以在足够多的重复内容中改变。每个人的改变途径是不一样的，有人多看积极的书、积极的电影，用积极的视觉来改变，有人多用重复的语言暗示来改变，有人通过效仿他人积极的行为来改变，还有一种人只用听的方式来改变。不同的人，有不同的改变途径，我们要学会寻找自己的途径。

"自"和"我"达到怎样的状态才是最佳的状态呢？"自"能够接纳一切"我"，包括接纳一切现实中的"我"和变化中的"我"；在接纳的过程中，一直伴随着"念"的产生；并且这些"念"都被"我"相信；"念"都被"我"相信就叫"信念"。拥有信念的就是"自""我"最好的互动状态。

想要达到自我平衡，很重要的一点就是要学会真正放下。真正放下时，你才能真实地笑看人间百态。笑看人间，我们会发现，有很多人其实在自己折腾自己，他们的内心是纠结的，情绪是波动的，有些人无法平平静静地过好一天，一天都在唠叨，凡事都按照自己的习惯，看不惯别人。做个菜，没有调味，唠叨；洗个碗，没有洗干净，唠叨；放个东西，没有放到合自己心意的地方，唠叨……很多时候，从他们身上，我们就能看到自己的问题。浮躁，冒进，"自"的能量不足，"我"的担当不够，等等。

真正放下时，你才能真实地体会到自己的感受。放慢自己匆匆追寻的脚步，实际上就是让自己的心慢慢沉静下来，我们会重新审视自己，感受生活，我们的内心是平静的、安宁的，能够用心做好一点一滴的小事，用心体会一呼一吸的转换。做菜，就认认真真做好；写字，就工工整整地写好每一个字……

让心回归，让心安定下来，开始了解自己，你就会发现完全不一样的世界。

七、自我的三个面相——得觉墙角理论

想象一个墙角，我们用与地平线平行的面代表生活，与地平线垂直的两个面，一面代表社会，一面代表精神。

这是一个立体的架构，我们姑且用这个立体的架构来代表人生的三个体系：生活、社会和精神。人在不同的体系里会逐渐形成相应的能力，构建相应的价值观，形成相应的思维习惯和行为习惯。在生活的体系里过日子，在社会的体系里追逐名利，在精神的体系里修心悟道。以这三个体系为视角，我们就可以看到自己和他人的三个相：生活相、社会相、精神相。

我们在人间探索成长之路，只能是"生活＋社会""生活＋精神""生活＋社会＋精神"这三种中的一种，知道是哪一种后，再确定自己的目标，下一步要走的路就会清晰，我们要做的只是有效时间和精力的分配，只是迈开双脚去行动。于是，生命就简单，生活就自在，精神就专注。

每个人的生命，都将沿着自我确认的目标前行。如果我们沿着目标所提醒的路去行走，就能得到圆满。

当然，除了这三个体系，还有一个更博大的体系，存在于这三个体系之外，又能与这三个体系互动。这个体系是一个真实的与天地自然相通的体系，是一个博大的空间。这个体系和空间，我们称之为"得觉"。简单来说，得觉就是三面墙所形成的中间部分的那个空间，那三面墙上所呈现出来的，不过就是"得"那个点的一个投影而已。

 心海导航

Q1. 生活一片混乱，日子很颓废，我该怎么办呢？

A：生活颓废的原因是不一样的，应该区别对待。

"我"习惯了颓废的生活，"自"享受在其中。但认真生活，拒绝颓废是"我"的角色期待，角色期待带来的压力让"自"产生焦虑。这个时候要从行动上进行改变，比如早睡早起、认真学习、劳逸结合等。

"我"不想颓废地生活，也想生活得积极健康，但"自"里没有足够的能量，加之外界的约束不严，就逐渐颓废了下去。这种情况有可能是"我"的心态出现了问题。那首先要调整"自"的念头，清晰地认识并接纳现状，再努力把专业知识学好，有了这个基础，可以转专业或学习第二专业。如果感觉修改自己的"念"比较困难，可以寻求老师的帮助或多跟积极的人相处。

Q2. 纠结自己的专业适不适合自己，要不要转专业，怎么办呢？

A："自我"对"我"的角色定位不清晰，"我"不知道什么样的"我"是内心想要的。多数大一学生对自我、专业、社会的了解都不够透彻、不够成熟，这个时候应该"迷则行醒世，明则择事而行"。什么意思呢？就是在不确定的时候，先把眼前能做的事情做好；等真的确定的时候，再直接去做想做的事。转专业是一件比较重要的事，它很大程度上决定了你学习的领域。专业适不适合自己很难断言，因为这与个人的努力及用心程度也有关系。在我们陷入迷茫，权衡是否应当转专业

的时候，眼前能做的事情其实很多：认真听讲，阅读大量学术著作，完成学业，参加社会实践，等等。在这样的过程中，我们能逐渐认知专业，认识自我，从而做出更理智的决定。

Q3. 有时候很讨厌自己不思进取，但每次努力又坚持不了多久，怎么办呢？

A："我"想做事情，但"自"里面没有能量，自我对话矛盾，体现出来的态度就是消极。"自"不喜欢"我"想做的事，或者不相信"我"能做好，"自"里面没有能量。这个时候需要问问自己：想做的事情是内心想要的，还是为了做事而做事？哪些事是自己力所能及或努力一下可以做到的，哪些是努力也无法做到的？做自己必须做的事，做自己力所能及的事，做自己喜欢做的事。内心坦然，自我统一，就能获得积极的心态。此外，环境对"自"的影响是很大的，我们要多去融入积极上进的团队，给自己积极的暗示和确认。

Q4. 从小到大一直只会学习，到了大学发现大家都多才多艺，心理落差很大，接受不了这样的自己，怎么办呢？

A：刚刚到大学的"我"，仍然停留在原来的"我"。大学遇到的更多风景容易使我们自卑，使我们容易对"我"产生更高的期待，而这一期待肯定与当下的"我"有差距。面对这一现象，首先我们要确定，自己的期待是清晰、真实的吗？是自己确实想要的吗？是可以分解成具体目标去实现的吗？如果是，那我们只需要严格按照规划去达成自己的目标，"我"在行动中，"自"对我的评判就会减少。如果不是，那问题就变成了"自"不接纳当下的"我"。这个时候需要调整"自"的"念"，全然接纳当下的"我"，在接纳的基础上才能让"我"

成长。可以每天重复积极的对话，多跟自我接纳度高的人在一起，或者把当下可控的事情做好。每个人的途径不一样，要学会去找到适合自己的路径。

Q5. 进入大学后遇到了很多优秀的人，自己相对而言似乎很差劲，慢慢变得非常自卑，怎么办呢？

A：这个问题其实不算是一个问题，如果随着我们的不断成长、进步，所遇到的人不是更加优秀的人，自己的相对优势没有变小，倒真有问题了。因为我们的生活存在着种种筛选，如果你在过去的筛选中属于占优势者，来到新的环境里，身边的人往往也成为占优势者，所以你的相对优势自然会被削弱甚至消失。这种"自卑"实际上来自一种落差感，在于"自"不认可现在这个不占优势的角色，"自"期待的"我"是更有优势的一个人……但是，只要我们选择留在这个环境，就应该问自己一个问题：我如何去面对这个环境？让"自"产生顺应环境的"念"，先接纳"我"现在这个角色，再慢慢寻找提升的策略，有目标的努力，开发出这个角色里新奇有趣的内容，提升自己，实现自我和谐。这样做的话，落差感自然也就没有了。

Q6. 我常常思考很多关于人生的问题，也读了不少关于人生的书，但面对生活仍然一头雾水，不知道应该怎样过完这一生，我该怎么办？

A：人活一世，不明了的人实在太多了（自—我冲突、自—我矛盾、自—我纠结）。想清楚这一生实际上是蛮难的，因为大多数人已经或正迷失在匆匆发展的社会中（从众意识会让个体"我"迷茫）。洪流中，他们定不住自己的心，随波逐流去追逐目标和结果。这种追求所换来的，充其量只是"智"的增长，而"慧"却没有打开。很多人一直在寻觅（"我"迷），一直被社会带着走（迷的"我"只有从众，随波逐流），一直在追求却不知道自己到底要追求什么，一直在读书却不知道自己为什么读书以及读什么书……不明学业，不明专业，不明职业，不明事业，不明婚恋，不明为什么活，不明怎么活，越来越远离（本来）自己（得觉自我理论把这样的状态称作无知，把不明本来自己的状态称作无识）。通过自我理论清晰地看到自己的"我"，感受到"自"的无助迷茫，就离"明心"近了。

Q7. 我是一个很重视生活的人，没有什么事业心，但是这和社会的主流价值观相违背，我该怎么办？

A：现代社会的节奏越来越快（社会里以"我"为主，成事），人们的脚步变得越来越匆忙。但忙碌的身躯，抵不过平静的内心（能量充足的"自"的稳定）；勤奋的双脚，抵不过智慧的大脑。重视生活，真正知道自己在哪里，应该从哪里开始，修心养性，才是真正走在修心之路上。把人生之路快乐地、喜悦地走好，这是我们每个人都应该做的事情（由"我"迷到自明）。只要是心之所向，让自己过得开心、过好生活的同时，明白社会的主流价值观与自己的观念和选择有不同，即使不同，也坚定勇敢地确认自己心之所向。

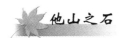
他山之石

《自卑与超越》阿尔弗雷德·阿德勒　著

《自卑与超越》是个体心理学的先驱阿尔弗雷德·阿德勒的代表作。本书认为，理解一个人，就要从他的过去入手，一个人的生活风格，与他对于过去经验的认识和理解相一致；自卑并不可怕，关键在于怎样认识自己的自卑，克服困难，超越自我。该书适合在自我关系中受自卑困扰的人阅读。

《得觉》格桑泽仁（四川大学教授、得觉理论创始人） 著

《得觉》立足于中国文化，是对东方人心理的独特探寻。全书共包括《自我理论》（上、下册）、《恩怨理论》（上、下册）、《墙角理论》、《迷明理论》，外加《觉》和《行动赋》，线装宣纸古本印刷，装帧设计独特精美，是一套详细阐释人生智慧的著作。

（编写者：格桑泽仁）

第三章　学　习

在贝克勒尔对于铀的放射性质进行了开创先河的观察和研究以后，紧接着人们便发现铀的射线也类似于 X 射线，能使空气和其他气体产生导电性，钍的化合物也有着类似的性质。

从 1896 年起，居里夫人便和她的丈夫一起进行系统的实验，在各种元素与其化合物以及天然物中寻找这种效应。

玛丽亚·斯可罗多夫斯卡娅，即著名的居里夫人，1867 年 11 月 7 日出身于波兰华沙的一个书香门第。她的父亲是大学物理教授，母亲是钢琴家。玛丽亚具有父亲的智慧和母亲的灵巧，从小就对科学实验产生了浓厚的兴趣。

1891 年，她到巴黎求学。完成学业后，她原本打算回到正在遭受沙皇俄国铁蹄践踏的祖国，为祖国尽自己的绵薄之力，同时也为父母尽一个女儿的孝心。但是，同法国物理学家皮埃尔·居里先生相识、相恋并成为终身伴侣后，她原来的计划彻底改变了，之后，她侨居法国，并于 1897 年生了一个可爱的女儿。

贝克勒尔的发现引起了居里夫妇的浓厚兴趣，他们确立了目标，一定要搞明白射线放出来的力量究竟是从哪里来的，这种放射的性质又是什么。

居里夫人全身心投入铀盐的研究中，她搜罗并研究了各种铀盐矿石，她被铀盐矿石神奇的射线所吸引，把特别的爱奉献给了这种特别的矿石。接受过严格且系统的高等化学教育的居里夫人，在研究铀盐矿石时想到，没有任何理由可以证明铀是唯一能发射射线的化学元素。她猜想，一定还会有别的元素也具有同样的力量，只不过人们目前还不知道罢了。

她依据门捷列夫的元素周期律逐一进行测定，结果很快发现另外一种元素钍的化合物也会自动发射射线，与铀射线相似，强度也较接近。居里夫人意识到，这种现象绝不只是铀的特性，必须给它一个新的名称，于是将它命名为"放射性"，铀、钍等具有这种特殊"放射"功能的物质，叫作"放射性元素"。

后来，在丈夫的帮助下，她又测定了能够收集到的所有矿物，她想知道还有哪些矿物具有放射性。

在测量中，她有一个戏剧性的发现，有一种来自当时的捷克斯洛伐克的沥青铀矿，其放射性强度比原先设想的要大不知道多少倍。

那么，这种不正常而且过度的放射性又是从哪里来的呢？这些沥青铀矿中的铀和钍的含量，决不能解释她观察到的放射性的强度。

因此，只能有一种解释，这些沥青矿物中含有一种比铀和钋的放射性强得多的新元素，它不是当时人类已知的元素，而是一种未知的元素。

居里夫人的发现吸引了皮埃尔先生的注意，于是居里夫妇携起手来，向科学的未知领域发起了强有力的进攻。

在条件极其简陋的实验室里，经过居里夫妇锲而不舍的努力，1898 年 7 月，他们宣布了发现的这种比纯铀放射性要高出 400 倍的新元素——镭。

镭的发现，引起了科学界乃至哲学界的巨大变革，为人类探索原子世界的奥秘打开了大门。可以说，它的发现，开辟了科学世界的新领域，并由此诞生了一门新兴学科——放射学。由于居里夫妇为科学革命做出的巨大贡献，在发现镭的第二年，他们便获得了诺贝尔物理学奖。

不久后，人们又发现了镭在医学方面的价值，它可以为癌症患者带来福音，这使本来已经非常昂贵的镭，变得更加珍贵。

有人劝说居里夫妇："你们如果去申请专利，定会成为百万富翁！""不，镭是一种元素，它应属于全世界！"居里夫妇毫不犹豫地回答。居里夫妇认为"科学是无国界"的，应该为全人类服务，也可以说，这是他们献身科学的共同宏愿。但不幸的是，1906 年 4 月的一天，皮埃尔·居里在一次车祸中失去了自己宝贵的生命。

居里夫人强忍悲痛，继续进行科学研究。1910年，居里夫人成功地分离出纯镭，分析出镭元素的各种性质，精确地测定了它的原子量。同年，居里夫人在国际放射学理事会上，制定了以居里名字命名的放射性单位，大会同时采用了居里夫人提出的镭的国际标准。玛丽亚·居里的成就包括开创了放射性理论，发明分离放射性同位素技术，以及发现了两种新元素——钋和镭。在她的指导下，人们第一次将放射性同位素用于癌症的治疗。

弱者毫无目标，坐待时机；强者树立目标，制造时机。虽然并不是人人都可以成为科学家，但是我们一定要树立学习的目标，培养刻苦钻研的精神，努力发挥自己最大的潜能去造福人类。

当我们步入21世纪，进入所谓的知识经济时代，"学习"这一概念已经发生了根本性的转变。当前，学习的内涵正在不断地丰富，外延也在不断地拓宽，从终身学习到学习型国家、学习型社会、学习型组织，再到学习型城市、学习型企业、学习型家庭。而且，学习呈现出的特点也在不断变化与革新。从心理学角度研究学习的学科——学习心理学是心理学的一个重要分支，它能更好地为当今的大学生提供学习心理的相关规律，同时又能有效地帮助大学生提高学习质量与学习效率。而谈到学习，首先必须要谈到目标。因为只有有目标的学习，才可能是高效和完善的，也才可能取得更为卓著的效果。

心灵导语

一、目标

目标就是我们要达成和实现的对象，是人的内心需求的外在表现。目标和需求一起引导着人的行为，为行为指出明确的方向。

（一）目标的要素

目标有七大要素：目标必须由正面词汇组成，目标的各个方面必须符合整体平衡，目标是可以量度的，目标是清楚明确的，目标是自力可成的，实现了目标是有满足感的，目标的实现是有时间限制的。

（二）目标的作用

目标有五个作用：为行为设定方向，了解自己每一个行为的目的；知道什么最重要，合理安排时间；未雨绸缪，把握今天；评估行为的进展，检讨行为的效率；提前看到结果，产生持续的信心、热情和动力。

【拓展阅读】

南非总统纳尔逊·曼德拉曾经被囚禁在一间只有几平方米的囚室内，这个囚室只有卫生间一般大小，我们很难想象一个人几十年间被囚禁在这样的小屋内而没有精神崩溃。这是因为他有明确的目标。曼德拉的生理视线不能穿越高墙，但他的心理视线却能向着目标前行，穿越阻挡。

二、订立并执行自己的目标

第一步，做一个决定。如决定要成功。

第二步，写下关于健康、事业、金钱、名誉、家庭、享受、心灵成长等的目标，给每个目标列出十条以上要实现它的理由。

第三步，用多叉树制订计划，分解目标，并列出时间表。

第四步，列出所有要实现的小目标的必要条件和充分条件，注明解决方法。

第五步，告诉自己要实现怎样的目标，自己必须变成怎样的人，努力改变自己。

第六步，运用潜意识的力量，从正面进行自我暗示，永远积极思考。

第七步，行动，立即行动，每一分每一秒都做最有效率的事情。

第八步，每天睡觉前做一次自我检查，衡量进度，及时修正。

第九步，坚持到底，永不放弃，直至成功。

【小练习】

同学们，请大家根据上面的步骤，将自己的目标列出来，然后一一对照执行，以便检验自己的目标的合理性和可行性。请思考：

（1）如何用多叉树制订计划，分解目标？

（2）为何说立即行动是我们执行目标的保证措施？

三、与目标相伴的十二条黄金法则

（1）认真地把你的目标写下来。

（2）每天都把你的目标大声说出来。

（3）想象你已经实现了目标，要经常这样想象。

（4）行动是关键，不要做白日梦，每天都采取一些小步骤。

（5）如果你遇到困难不能前进，问问自己："为了得到我想要的，我现在能做的最容易的事情是什么？"

（6）对你的目标保密。它们帮助你通向你的梦想之路，容易受到其他人的影响和破坏。

（7）随着你的学习内容的增加与提升，你完全可以调整你的目标。

（8）从看似互相矛盾的目标中学习。人总是在不断的权衡中，发现自己真正需要的。

（9）真正的目标是令人鼓舞和激动人心的。如果你失去了动力，花一个星期进行检查，如果你的目标不够使你振奋，放弃它。相信自己的直觉。

（10）回顾你的目标，每周校定你的定位，这并不代表你在浪费时间。

（11）目标属于未来，在你为它努力的时候，别忘了守住当下已经拥有的快乐。

（12）如果一个目标实现了，即使它只是个小小的目标，也应该以你自己的方式庆祝一下。毫无疑问，你有资格享受这样的待遇。

【拓展阅读】

　　世界上最伟大的发明家之一爱迪生拥有超过 2000 项发明。但是有很多人不清楚，他只上过三个月的学。12 岁时，他在火车上当报童，每天火车会在底特律停留几小时，他就抓紧时间到市里最大的图书馆去看书，不论日晒雨淋，从不间断。他当时根据自己的兴趣，按次序从书架上拿书看。

　　有一天，当爱迪生看书时，一位老先生走过来问他："你读了多少书了？"爱迪生自信地回答："我读的书可以堆到十五英尺高了。"老先生听后微笑着摇摇头："你是根据什么规则选择书籍的呢？"爱迪生据实回答："我是从下到上，从左到右，一本一本选择的。"老先生说："你的精神可嘉，但如果没有具体的目标，学习效果只能事倍功半。"这席话对爱迪生影响很大，成为他学习的一个巨大转机。后来他根据老先生的建议，将目标锁定在机械、光电等领域，最终成了世界上伟大的发明家。

四、学习的含义

　　对于学习的定义，心理学上使用较为普遍的是认知心理学的观点，即学习是因经验而使行为或行为潜能产生持久变化的过程。对于学习的概念，需要注意以下几个方面：

　　（1）学习的变化可以是外显的，也可以是内隐的心理过程。

　　（2）学习的变化是相对持久的。

　　（3）学习产生于经验，而不是来自自然的成熟。

五、学习过程的五要素

（1）抓好预习环节。初步理解教材的基本内容和思路；找到教材的重点和自己不懂的问题，并用不同符号标记在书上；尝试做预习笔记。

（2）注重听课环节。首先需要做好听课前的准备工作；在听课过程中要多思考并多问问题；在听课过程中须保持有张有弛的节奏。

（3）认真做好课堂笔记。首先，需要认识到记笔记对学习效果的重要作用。其次，需要学习记笔记的方法，如学会运用速记符号记录课程中的重点、难点和疑点。最后，在学习的过程中要牢记"以听为主，以记为辅"。

（4）紧抓课后复习环节。复习一定要及时进行，在复习的过程中注意思考；复习需要采用多种多样的方法进行。

（5）独立完成作业环节。完成作业一定要独立进行，因为这不仅是检验是否已经从根本上掌握知识的好方法，同时也能够进一步巩固所学到的知识。

拓展阅读

三国时期，吴国大将吕蒙文化水平不高，孙权鼓励他多学习史书与兵法。吕蒙总是说，军队事情太多，没有时间学习。孙权说："时间总是要去挤出来的。从前光武帝在行军作战的紧要关头，手里还总拿着一本书不肯放下，怎么你就没有时间呢？"过了一会儿，孙权又说，"你的事情总没有我多吧！我并不是要求你去研究学问，而是让你去翻阅一些古书，从而从古书中得到一些启发。"吕蒙问："可我不知道应该从哪些书下手。"孙权听了笑着说："你可以先读《孙子兵法》等兵法书，再读《左传》等史书，这些书对行军打仗有好处。"吕蒙听了孙权的话，回去便开始读书学习，从此手不释卷并坚持不懈，最后做了吴国的都督，有勇有谋，屡建奇功。

六、学习动机与学习策略

（一）学习动机

动机是对所有引起、支配和维持生理和心理活动的过程的概括。而学习动机是指驱使人们进行某种学习活动，以达到一定目标的一种动因或力量。它与个人的需要、兴趣等其他心理因素有着密切的关系。

（1）启动作用，如有了学习动机，才能真正开始学习活动。

（2）维持作用，把我们的学习固定在某个方向和目标上，数年如一日地坚持学习某门课程。

（3）强化作用，要反思我们的学习。例如，可以获得较好学习成绩的学生，会想要更上一层楼；学习成绩较差的学生应抓紧时间、刻苦学习，不断取得进步。

（4）调整作用，这主要由动机泛化来实现。例如，一个学生的头脑中形成了一个稳定的重理轻文的动机系统，如果能促使其重理的动机泛化，进一步产生要学好理科就学好文科的动机，就可以引导他开始重视文科的学习。

（二）学习策略

关于学习策略的定义，现在还没有统一的看法，但我们可以这样认为：学习策略是指学习者在学习活动当中采用的有效的学习办法、技巧、规则和调控。它既可以是内隐的规则系统，又可以是外显的程序和步骤。凡是有助于提高学习质量和学习效率的办法、技巧、规则和调控等都是学习策略的研究范畴；学习策略既可以是内隐的，又可以是外显的，也有水平高低之别；学习策略是鉴别会不会学习的标志，是衡量个体学习能力的重要尺度，是决定学习效果的主要因素之一。

（1）复述策略，是指学习者在有意控制下，主动地以语言的方式，出声或不出声地重复先前学过的材料，以帮助记忆。一是累积复述（cumulative rehearsal），即全面复述所学的材料；二是部分复述（partial rehearsal），即只复述重点或关键的材料；三是叫出名称（naming），即对材料概括化的一个名称，旨在提出主要意思；四是复述策略的具体运用，即逐字重复、划线、概括。

（2）组织策略，是指对学习材料进行一定归类、组合，以便于学习、理解的一种基本学习策略。它可以帮助学生有效地记忆学习材料。一般来说，学习者首先能回忆的是有组织结构的信息，其次才是个别的信息。第一是轮廓法，指学习者通过建立标题来增进理解。第二是利用地图法，主要有四个具体方式：通过分类分析段落中不同句子的含义，将它们分解成主要概念、例子、比较（对比）、相互关系和推断。用最简单的框图将这个分类模式展开。进行语句分类练习，陈述选择的理由。独立练习，以便在更复杂的材料中能运用这些基本技能。

（3）精细策略，是指学习者利用表象、意义联系或人为联想等方法对学习材料精心加工，以增进理解与记忆的学习策略。它主要包括四种方法：一是首写字母连接，如借助"ROYGBIV"记忆七种颜色；二是辅助词法，即运用辅助词汇来帮助记忆；三是位置法，即与一个特定的熟悉的地方相联系；四是关键词法，如运用谐音等进行联系。

（4）课堂笔记。记录教师讲课的要点，包括重点、难点、疑点；运用速记符号；尝试用自己的话记录重要概念；以听为主，以记为辅，处理好听课与记笔记的关系。

拓展阅读

有一天，祖父带祖冲之去拜访一个精通天文的官员何承天。何承天很喜欢聪明伶俐的祖冲之，询问祖冲之："研究天文不但很辛苦，而且既不能升官也不能发财，你为什么还要钻研呢？"祖冲之挺着小胸脯说："我不求升官发财，只求弄清天地的秘密。"从那以后，祖冲之经常去找何承天学习研究天文历法和数学，以及各种机械制造。通过刻苦的钻研和丰富的实践，祖冲之终于成为杰出的天文学家、数学家。

心海导航

Q1. 大学里的学习让我很盲目，不知道学习是为了什么，我该怎么办呢？

A：相较于中小学，大学的学习更加注重综合能力的培养。到了大学，需要树立更加广阔的目标。大学生在确立目标时，需要注意几个方面：目标必须由正面语言构成；在确定目标时必须考虑到整体平衡和三赢，即对自己好、对他人好、对环境好；目标需要清楚明确；树立的目标可以量度；订立的目标一定要在自己能力范围之内；达到目标时有足够的热情；完成目标必须要有明确的时间期限。

Q2. 我在中学时期成绩都很好，为什么在大学里用中学的学习办法就没用呢？

A：中学的学习知识面比较狭窄，学科相对单一，学习内容非常有限，教学方式也更多的是用重复性、教条式的方式。而到了大学，所学的知识内容非常丰富，学科也极为多样，如果再用中学的学习办法，就无法适应大学的学习内容和学习进度，也无法拓展我们的思维能力与创造能力。

Q3. 现在网络技术很发达，我只需要上网学习就可以了，为什么还要到教室去听课呢？

A：网络上确实有一些知识可以为我们学习所用，但网络也有很多弊端，如信息的虚假性、暂时性、片面性和不确定性。而只有在课堂中听教师讲课，我们才能系统、全面、真实地了解到更多的知识，从而掌握学科的前沿。

Q4. 我一直都是靠运气得到高分数，但我内心又觉得不踏实，这是为什么？

A：首先，高分数并不能代表学习的质量。获得高分数仅仅能说明我们对考试本身比较擅长或应试的能力强。其次，要取得一定的成绩，除了依赖外在的客观因素，更多的是依赖内在的主观因素，如自身的努力和奋斗。

Q5. 每次在考试之前两周我都会出现失眠、担忧、紧张等情绪，这是怎么回事？

A：这就是我们通常所说的考试焦虑。它是指在考试前预料到威胁性刺激，如失败又无力去应付的痛苦反应，是处于无助状态下而难以或不能采取有效方法去适应的时候产生的负性情绪。这是个普遍性的心理卫生问题，绝大多数学生都有过这种焦虑。对于此类情况，我们一方面可以掌握一些预防考试焦虑的方法，另一方面也可以掌握一些考试技巧和调整身心的方法。

Q6. 我一直想不通，为什么自己每天都很努力学习但成绩却较差，而周围一些同学天天玩得很高兴成绩又很好呢？

A：这就是我们通常说的在学习时间的管理上存在误区，从而导致学习时间的浪费。了解时间管理的误区是学习取得成功的前提条件。对于大学生来说，时间管理失当对学习的主要影响表现为：其一，未确定适合自己的学习目标或学习目标不清晰。一些大学生认为，自己的学习很有效率，但是没有学习目标。他们知道笨鸟应该先飞，但是不知飞向何方。其二，学习和做作业比较拖延，效率不高。一些大学生虽然花了很多时间来思考要学习的内容，却找各种借口来拖延学习行动，感觉自己每天都在努力学习，但效率低下，常常会为没有完成任务而悔恨不已。其三，缺乏相应的学习计划与安排。在学习之前，一部分大学生没有对学习的目标和行动步骤有一个大概的分析与判断，学到哪里就到哪里，不从整体上安排好自己的近期、中期与远期的学习计划。

Q7. 我每次上课听讲时特别忙乱，不知道是否应把老师讲的重点、难点或是不懂的地方记下来？

A：这一问题中所包含的部分都是大学生应在课堂上记笔记的要点。而这些要点就包括重点、难点、疑点。可能有学生会问，那针对这么多重点、难点、疑点，自己如何能在短时间内记下来呢？所以，大学生在记课堂笔记时，必须学会运用自己能明白的一些速记符号，或尝试用自己的话记录重要概念。切记，上课时应以听为主，以记为辅，要处理好听课与记笔记的关系。

Q8. 学习时，独立思考和与别人合作讨论学习，究竟哪一个更有效果呢？

A：这其实涉及两大问题。第一个是关于元认知（Metacognition）的问题。元认知一词最早出现自美国儿童心理学家弗拉威尔（J. H. Flavell）在 1976 年出版的《认知发展》一书。所谓元认知就是对认知的认知，具体地说，是关于个人认知过程的知识和调节这些过程的能力，即对思维和学习活动的认知和控制。元认知包括元认知知识和元认知控制。例如，在教学心理学中常提到"学习如何学习"，指的就是这种元认知。元认知的实质是对认知活动的自我意识和自我调节。独立思考更多地体现了对自己学习各步骤的自我意识与自我调节。第二个是关于合作学习的问题。早在几千多年前，人们就产生了合作学习的思想。《诗经·卫风》中指出，"有匪君子，如切如磋，如琢如磨"；《学记》中也提出，"相观而善谓之摩""独学而无友，则孤陋而寡闻"；许多私塾都采取"高业弟子转相传授"的办法教学；书院更是盛行"切磋"之风；20 世纪

30 年代，著名教育家陶行知先生大力倡导"小先生制"。这些提法、行为都体现了合作最基本的理念——互相帮助，共同发展。

Q9. 大学生一般都喜欢在考试前用较短时间通宵复习，这是否说明大学不再看重学习了？

A：这就是心理学上讲的从众心理。大学生离开家庭来到大学生活，很容易产生不安全感，而从众可以在一定程度上减轻或消除不安全感。从众在时间管理上的具体表现是大家有相同的作息时间和计划安排，别人做什么自己也跟着做什么，缺乏独立性和自主性。每个人都不一样，时间管理上的消极从众带来的不一定是适合自己的时间管理方式。而且通宵复习的方式，可能不仅不能取得好的成绩，反而会影响身体健康。

Q10. 我对大学学习一点动力也没有，不知该如何培养自己的学习兴趣？

A：我们经常说，兴趣是最好的老师。但是一直以来，我们从小到大甚少谈及自己真正的兴趣或自己真实的需要，中小学一切时间分配都指向"考上大学"这个目标，这种定势思维一直延续到大学。进入大学后，我们甚至已经忘记了自己的兴趣或者说该怎么培养自己的兴趣。培养学习兴趣首先要找寻学习动机和学习动力，如果不知道学习为了什么，也不知道不学习又能做什么，成天处于茫然的状态中，又谈何去讨论学习兴趣呢。其次，可以通过做一些心理测试，如霍兰德职业测评等来全面了解自己的兴趣爱好。最后，可以将曾经的学习兴趣与现在正在学习的知识内容相联系，不断激发自己的兴趣。

《成功从目标开始——大学生目标指导手册》冯正广主编

本书是一本大学生目标指导手册，共分为五篇，主要内容包括为什么要设定目标、自我认知与环境分析、目标的设定、行动与计划、学生"目标与行动"。

《学习心理学》冯忠良　编著

作者在回顾学习心理学的发展演变历史及其经验教训的基础上，探讨了学习心理学的研究对象、研究任务和内容体系，并对学习心理学的科学研究方法和程序问题进行了阐述。本书全面介绍了不同历史时期的中外心理学家们对于学习问题的主要理论观点及其对实际学习工作的启示；探讨了学习的实质与机制、学习与心理发展的关系、学习积极性的来源和学习动机的培养与激发、学习迁移的类型及促进迁移的条件等问题。

《学习心理辅导》吴增强　编著

作者长期从事学生学习困难心理研究，并在全国做了广泛的社会调研。本书较全面地介绍了学习理论、学习动机、学习策略、学习问题解决、学习困难学生特点与类型、学习困难学生诊断与辅导、课堂环境与管理、信息化环境下的学习变革等内容，并论述了学习困难问题的解决思路，具有较强的可操作性和理论的前瞻性。本书对当前以学生发展为本的素质教育，对"提高课堂 45 分钟教学质量"，对切实"减轻课业负担"有一定的指导意义。

（编写者：刘昌波）

第四章　情　　绪

　　想象你正坐在郊区的一座山顶上，在雨中俯瞰灰色的城市风景。这座城市可以是你的故乡，也可以是你现在生活的地方。雨幕之下，城市显得冰冷而冷漠，仿佛笼罩在一片灰暗之中，建筑显得破旧而苍老。街道上车流如织，人们脸上写满了忧郁与愤怒。然而，就在这一刻，奇迹降临。乌云散去，阳光洒满大地，世界瞬间焕发新生。建筑的窗户闪耀着金色光芒，混凝土的表面泛出青铜般的光泽，街道变得晶亮清澈，一道彩虹悬挂天际。河流宛如一条波光粼粼的巨蟒，蜿蜒穿城而过。在这刹那，一切似乎平静下来，包括你的呼吸、心跳、思绪，以及天空中的飞鸟、街道上的车辆，甚至连时间也停下了脚步。一切都沉醉于这不可思议的变化之中。

　　这些美妙的、出乎意料的视觉变化产生了神奇的效果——不仅包括你看到的景象，还包括你的思想与感受，以及你与世界的联系。转眼间，他们彻底改变了你对生活的看法。但是，真正不可思议的是，现实其实毫

> 无变化，城市还是那座城市，只不过太阳出来时，你用一种新的视角观察了世界！

情绪（emotion）与情感（sentiments）是指人对客观事物是否符合自己的需要而产生的态度体验。与人的生理需要相联系的态度体验是情绪，与社会需要相联系的态度体验是情感。这一定义强调，情绪与情感是人对客观事物的一种反映形式，即情绪、情感的产生是由某种事物引起的，客观事物是产生情绪、情感的来源。情绪、情感的产生是与机体的需要相联系的。如果符合人们的需要，就会产生肯定的态度，如满意、自信、喜悦、愉快等；如不符合人们的需要，就会产生否定的态度体验，如憎恨、悲哀、恐惧、愤怒等。亲爱的同学们，你们愿意以怎样的体验方式度过大学生活，以怎样的状态迎接未来人生呢？

心灵导语

一、解读情绪

情绪，是对一系列主观认知经验的通称，是多种感觉、思想和行为综合产生的心理和生理状态。最普遍、通俗的情绪有喜、怒、哀、惊、恐、爱等，也有一些细腻微妙的情绪，如嫉妒、惭愧、羞耻、自豪等。情绪常和心情、性格、脾气、目的等因素互相作用，也受到荷尔蒙和神经递质影响。无论正面还是负面的情绪，都会引发人们行为的动机。尽管一些情绪引发的行为看上去没有经过思考，但实际上意识是产生情绪重要的一环。

　　情绪可以分为与生俱来的"基本情绪"和后天学习到的"复杂情绪"。基本情绪和原始人类生存息息相关，复杂情绪必须经过人与人之间的交流才能学习到，因此每个人所拥有的复杂情绪数量和对情绪的定义都不一样。

　　基本情绪（basic emotion）或初级情绪（primary emotion）是人类和动物共有的，是人们与生俱来的，并且具有特定的生理模式和相应的表情。在任何地方，悲伤都与丧失的知觉相关，恐惧都与受到惊吓或受到伤害的知觉相关，生气都与侮辱或不公平的知觉相关。与基本情绪相对的是复杂情绪（complex emotion）或次级情绪（secondary emotion），它包括情绪的各种变化及混合情绪，随着个体认知的成熟而逐渐发展，并随着文化的不同而变化。

　　克雷奇（Krech，1980）把快乐、悲哀、愤怒和恐惧看作四种基本情绪：①快乐是盼望的目的达到、紧张解除后随之而来的情绪体验。快乐的程度，取决于愿望满足的意外程度。目的无足轻重，只能引起些微的满足；目的极为重要，并且是意外地达到，则会引起极大的快乐。想象在春天的午后，阳光透过树梢洒在书页上，一位学生轻轻翻开成绩单，亮眼的成绩映入眼帘。他的嘴角不自觉地上扬，心中的欢愉如同清泉般涌出，那是经过一个学期辛勤耕耘后，收获的喜悦，是对自己努力的最好证明，这种由内而外的喜悦感，就是快乐情绪的体现。②悲哀是失去所盼望的、所追求的东西或有价值的东西而引起的情绪体验。悲哀的强度依存于失去的事物的价值。当一个人失去了亲人或朋友，那种深深的悲痛和失落感，是悲哀情绪的典型表现，那是失去挚亲的痛苦，是生命中不可承受之重，是时间也无法完全治愈的深深伤痕。③愤怒是由于目的和愿望不能达到或顽固地、一再地受到妨碍，逐渐积累而成的情绪体验。如果是由于不合理因素或被人恶意制造的挫折，最容易让人产生愤怒。如果一个人在工作中不断受到不公平的待遇，如堆积如山的工作和不断的指责，而他的努力和贡献没有得到应有的认可，反而是一次次无理的批评，这种长期的不满和挫败感就可能转化为愤怒。④与愤怒不同，恐惧是企图摆脱、逃避某种可怕的情景的情绪体验。恐惧往往是缺乏处理或缺乏摆脱可怕的情景（事物）的力量和能力造成的。恐惧比其他任何情绪更具有感染性。一个恐高的人在攀登高楼时，可能会感到极度的不安和害怕，他的心跳加速，双腿微颤，那是个体对生命安全的本能警觉。上述四种最基本的情绪在体验上是单纯的、不复杂的，在此基础上，可以派生出许多不同情绪的组合形式，也可以赋予不同含义的社会内容。例如，由疼痛引起的不愉快是比较单纯的情绪，而悔恨、羞耻这些情绪则包含着不愉快、痛苦、怨恨、悲伤等复杂因素，是一些复杂的情绪体验。

谢弗（Shaver，1987）等学者认为情绪有六种基本类别，它们分别是爱（love）、喜悦（joy）、惊奇（surprise）、愤怒（angry）、悲伤（sadness）和恐惧（fear），而其他的情绪皆可根据其含义和性质划归为六种基本情绪的一种。同时，这六种基本情绪种类也可以从不同的角度再进行划分（评价维度：正面或负面）。比如，前三项是正面的情绪体验（爱、喜悦、惊奇），后三项是负面的情绪体验（愤怒、悲伤、恐惧）。此外，还可以从强度（强或弱）和活动（唤醒程度高或低）维度对这六种基本情绪进行划分，如恐惧是一种强的、高唤醒的情绪。

我国古代思想家对基本情绪的种类也有各种说法。《中庸》将情绪分为"喜、怒、哀、乐"四种。《素问》把情绪分为"喜、怒、悲、忧、恐"及"喜、怒、思、忧、恐"五种；《吕氏春秋·尽数》把情绪分为"喜、怒、忧、恐、哀"五种；《三国志·魏陈思王植传》中把"喜、怒、哀、乐、怨"定为五情。《左传·昭公二十五年》把情绪分为"好、恶、喜、怒、哀、乐"六种；《荀子·天论》把情绪分为"好、恶、喜、怒、哀、乐"六种；《白虎道·情性》称"喜、怒、哀、乐、爱、恶"，也主张六情分类法。《礼记·礼运》曰："何谓人情？喜、怒、哀、惧、爱、恶、欲，七者弗学而能"，提出七情说。《荀子·正名》还有"说、故、喜、怒、哀、乐、爱、恶、欲以心异"所谓"九情"的说法（有人认为这里的"说""故"二字是衍文或误字，也有人解释说，"说"有"释"的意思，"开释"就是愉快，"故"可写作"锢"，心中郁结的意思。这便成了"九情说"）。林传鼎（1944）对人类的基本情绪进行过研究，他从《说文解字》中找出 9395 个正篆，发现其中有 354 个字是描述人的情绪的，并按它们的意思分为 18 类，即安静、喜悦、愤怒、哀怜、悲痛、忧愁、忿急、烦闷、恐惧、惊骇、恭敬、抚爱、憎恶、贪欲、嫉妒、傲慢、惭愧、耻辱。

在心理学界，不仅对于哪些情绪属于基本情绪有分歧，而且文化心理学家还不认为初级情绪和次级情绪之间有多大的区别。因为在他们看来，任何一种情绪都会深受文化的影响。愤怒可能是一种基本情绪，但是对这种情绪的感受是好还是坏，是有用的还是有害的，在不同文化中，人们的体验和感受是不同的。文化甚至会影响人们对基本或初级情绪的界定。在崇尚个人主义的西方心理学家看来，生气是一种初级情绪，但在崇尚集体主义的文化中，羞愧和丢脸是更为基本的情绪（Kitayama & Markus, 1994）。在密克罗尼西亚的一个环形珊瑚小岛上，人人都认为 fago 是最基本的情绪。fago 被译为"同情、爱、悲伤"，它所反映的是当所爱的人离去了或处于危难中时人们所产生的悲伤感，以及能够给予人们帮助、照顾和同情的愉快感（Lutz，1988）。

二、情绪心理学相关理论

（一）情绪的早期理论

詹姆斯—兰格理论是美国心理学家詹姆斯和丹麦生理学家兰格分别提出的内容相同的一种情绪理论。他们强调情绪的产生是植物性神经活动的产物。后人称它为情绪的外周理论。即情绪刺激引起身体的生理反应，而生理反应进一步导致情绪体验的产生。詹姆斯提出情绪是对身体变化的知觉。在他看来，是先有机体的生理变化，而后才有情绪。所以悲伤由哭泣引起，恐惧由战栗引起。兰格认为情绪是内脏活动的结果，他特别强调情绪与血管变化的关系。也就是说，当一个长跑运动员在比赛中感到心跳加速、呼吸急促，他可能将这些生理反应解释为紧张和焦虑，而这种生理状态的知觉又进一步强化了他的情绪体验。詹姆斯—兰格理论看到了情绪与机体变化的直接关系，强调了植物性神经系统在情绪产生中的作用；但是，他们片面强调植物性神经系统的作用，忽视了中枢神经系统的调节、控制作用，因而引起了很多的争议。

坎农—巴德学说认为情绪的中枢不在外周神经系统，而在中枢神经系统的丘脑，并且强调大脑对丘脑抑制的解除使植物性神经活跃起来，加强了身体生理的反应，从而产生情绪。外界刺激引起感觉器官的神经冲动，传至丘脑，再由丘脑同时向大脑和植物性神经系统发出神经冲动，从而在大脑产生情绪的主观体验，而由植物性神经系统产生个体的生理变化。

（二）情绪的认知理论

评定—兴奋说是由美国心理学家阿诺德提出的。他认为，刺激情境并不直接决定情绪的性质，从刺激出现到情绪的产生，要经过对刺激的估量和评价。情绪产生的基本过程是刺激情境—评估—情绪。同一刺激情境，由于对它的评估不同会产生不同的情绪反应。一个人在面试前可能会感到紧张，但如果他将这次面试看作是展示自己能力和实现职业目标的机会，那么他的紧张情绪可能会转化为兴奋和动力。情绪的产生是大脑皮层和皮下组织协同活动的结果，大脑皮层的兴奋是情绪行为产生的最重要的条件。

两因素情绪理论是由美国心理学家沙赫特和辛格提出的。他们认为，情绪的产生有两个不可缺少的因素：一是个体必须体验到高度的生理唤醒，二是个体必须对生理状态的变化进行认知性的唤醒。情绪状态是认知过程、生理状态、环境因素在大脑皮层中整合的结果。这可以将上述理论转化为一个工作系统，称为情绪唤醒模型。

拓展阅读

吊桥实验是一个经典的心理学实验，由心理学家唐纳德·达顿和亚瑟·阿伦在 1974 年进行。吊桥实验旨在探究外部生理激活状态如何影响人们的社交行为和情绪体验。研究者让一组男性参与者走过一座悬挂在高空中的吊桥，而另一组参与者则走过一座稳固的低桥。在桥的另一端，有一位女性研究助理等待他们，并邀请他们完成一个问卷调查。在调查过程中，女性助理会与参与者进行简短的交谈，并在交谈结束后提供她的电话号码，告诉他们如果对实验结果感兴趣可以联系她。结果显示，走过吊桥的男性参与者在与女性助理交谈后，更有可能保留她的电话号码，并在之后联系她。研究者认为，这是因为高空吊桥引起的生理激活（如心跳加速、肾上腺素增加等）被参与者误认为是对女性助理的兴趣，从而影响了他们的行为。

这个实验与两因素情绪理论有着紧密的联系。在吊桥实验中，参与者经历了生理唤醒（即过桥时的生理激活），而他们对这种生理状态的解释（认知标签）则是基于当时的情境——与一位吸引人的异性交谈。因此，他们将生理唤醒解释为对女性助理的兴趣，从而产生了一种特定的情绪体验。实验生动地展示了两因素情绪理论中的"认知标签"在情绪体验中的作用，这一理论强调了情绪体验的主观性和情境依赖性，表明我们对情绪的认知解释对于情绪体验的形成至关重要。

拉扎勒斯的认知—评价理论认为，情绪是人与环境相互作用的产物。在情绪活动中，人不仅反映环境中的刺激事件对自己的影响，同时要调节自己对于刺激的反应。也就是说，情绪是个体对环境知觉到有害或有益的反应。因此，人们需要不断的评价刺激事件与自身的关系。该评价具体包含三个层次：初评价、次评价、再评价。

（三）情绪的动机—分化理论

情绪具有动机的性质。伊扎德的情绪动机—分化理论是以情绪为核心，以人格结构为基础，论述情绪的性质与功能。伊扎德认为，情绪是人格系统的组成部分，是人格系统的动力核心。情绪系统与认知、行为等人格子系统建立联系，实现情绪与其他系统的相互作用。

詹姆斯—兰格的情绪理论。该理论认为，情绪是由于某一情境的变化引起自身状态的感觉。

坎农—巴德的丘脑情绪理论。该理论认为，激发情绪的刺激由丘脑进行加工，同时把信息输送到大脑和机体的其他部位，到达大脑皮层的信息产生情绪体验，而到达内脏和骨骼肌肉的信息激活生理反应，因此，身体变化与情绪体验同时发生。

巴甫洛夫的动力定型理论。该理论认为，人们在大脑皮层中按照刺激物的顺序形成了比较稳固的暂时神经联系系统，这种系统叫作动力定型，是人学习、习惯和需要的生理基础。

（四）情绪 ABC 理论

如果有人问你，你对自己的情绪负责吗？你可能说：情绪怎么能随便控制呢？有高兴事就乐，有伤心事就悲，这是人之常情嘛。

情绪 ABC 理论的创始者阿尔伯特·埃利斯认为，正是由于我们常有的一些不合理的信念才使我们产生了情绪困扰。如果这些不合理的信念长久地存在，还会引起情绪障碍。

情绪 ABC 理论中：A 表示诱发性事件。B 表示个体针对此诱发性事件产生的一些信念，即对这件事的一些看法、解释。C 表示自己产生的情绪和行为的结果。

通常人们会认为诱发事件 A 直接导致了人的情绪和行为结果 C，发生了什么事就引起了什么情绪体验。然而，你有没有发现，同样一件事，对不同的人，会引起不同的情绪体验。同样是报考英语六级，两个人都没过，结果一个人无所谓，而另一个人却伤心欲绝。

为什么？就是诱发事件 A 与情绪 B、行为结果 C 之间还有对诱发事件 A 的看法、解释的 B 在发生作用。一个人可能认为，这次考试只是尝试，考不过也没关系，可以下次再来。另一个人可能认为，自己精心准备了那么长时间，竟然没考过，是不是自己太笨了，还担心大家会怎么评价自己。于是不同的 B 使随之而来的 C 大相径庭。

常见的一些不合理的信念主要有：

（1）人应该得到生活中所有对自己来说重要的人的喜爱和赞许；

（2）有价值的人应在各方面都比别人强；

（3）任何事物都应按自己的意愿发展；

（4）担心随时可能发生灾祸；

（5）情绪由外界控制，自己无能为力；

（6）已经定下的事是无法改变的；

（7）一个人碰到的种种问题，都应该有一个正确、完满的答案，如果无法找到它，便是不能容忍的事；

（8）对不好的人应该给予严厉的惩罚和制裁；

（9）逃避可能、挑战与责任要比正视它们容易得多；

（10）要有一个比自己强的人做后盾才行。

这些不合理的信念，你有过没有呢？你对自己的情绪负责了吗？你给自己的理智打几分呢？

【扩展思考】——实践与技巧

（1）正确认识自我，包括心理方面，如气质、性格、智力、兴趣爱好等，这是情绪调节与控制的基础。心理健康的标准之一就是个体能正确地认识自我并悦纳自我。心理学认为，自我指对自己存在的观察，即认识自己的一切，包括自己的生理特征、心理特征以及自己与他人的关系，即自己的智力、情绪、性格、气质、兴趣爱好、道德观和人生观等。对自我有一个充分、全面、正确的了解，这样有利于对自我情绪的有效控制和调整。如急躁类型的大学生，如果意识到了这一点，就会有针对性地去暗示或控制自己要保持一颗平和的心，这样做对自己有很大的益处。

（2）正确地对不良情绪进行归因，即从主观和客观两个方面进行归因。在遇到不顺心的事情时，或是遇到困难和挫折时，既要从自己本身出发找原因，又要从周边环境寻找原因。如较内向的大学生由于内省较深，比较敏感，平常一件事在别人看来没有什么，却能引起他不必要的猜疑和沉思。情绪的不良可能是由于自己缺少社会交往阅历，如自己是不是总是在父母、家人或他人的保护之下去面对困难，而导致现在手足无措、情绪低落。客观方面找原因就是考虑周边的环境条件，如天气、自然地形、社会文化等，这些都是我们无法控制的，是不因我们的主观意志而改变的。这些客观存在的困难是每个人都会有的，所以我们没有必要去为它而忧伤、烦恼。只有正视现实，充分利用客观现实积极的一面，才能够妥善地、合理地处理好现实中的困难和挫折。

（3）自我激励法。自我激励是人的精神生活的动力源泉之一，主要指用生活中的哲理、榜样的事迹或明智的思想观念来激励自己，同各种不良情绪进行斗争。古人云：知足者常乐。大学生不要总为没有得到的东西而烦恼，相反，要经常想到自己是幸福而充足的，相信凭借自己的意志、能力和奋斗精神，这些没能得到的东西总有一天一定会得到。这样，便能增强自信心，驱除自卑感，保持心情舒畅，从而增加获得成功的可能性。

（4）转移调节法。心理学的研究表明，在发生情绪反应时，大脑皮层上会出现一个强烈的兴奋中心。这时，如果另找一些新颖的刺激，引起新的兴奋中心，便可以抵消或冲淡原来的兴奋中心。

因此，当情绪激动时，为了使它不至于立即爆发，可以有意识地通过转移问题或做点别的事情来分散和转移自己的不良情绪。采取行动，也是转移注意力、驱散烦恼的一种有效的精神疗法。一旦出现烦恼情绪的征兆，便激励自己多做有意思的事，如学习、劳动或娱乐，把时间表尽可能排得满一些、紧凑些。这样不仅可以使自己忘却烦恼，而且可以体验到自己存在的价值，更可获得珍贵的友谊。

（5）换位思考法。从积极的角度，重新认识引发不良情绪的事件，从而得到新的结论，使自己的情绪得到平衡。例如，当你在生活中遇到麻烦时，可以换一个角度考虑，这样心情就会轻松，情绪就会稳定下来。

（6）宣泄不良情绪。心理学家认为，人的情绪处在压抑状态时，应该允许有节制地发泄，即使畅快地哭一场，也是有利于调节机体平衡的。例如，把闷在心里的苦恼倾吐出来，求得别人的疏导和指点，往往更能使困难迎刃而解。咨询的对象可以是父母、教师、好友等。如果是心理方面的问题，向专门的心理医生咨询当然更好。

（7）情绪日记。情绪日记法是自我探索和情绪管理工具之一，它鼓励我们通过记录和反思日常生活中的情绪波动，来增进对自己情绪状态的理解和掌控。首先选择一个便于携带的笔记本或电子设备，并设定每天的一个固定时间来进行记录，比如在睡前或一天结束时。在记录时，除了描述当天的情绪状态和强度，还可以详细记录情绪的触发因素、身体反应、当时的思考和信念，以及采取的应对策略。通过定期回顾日记，可以发现情绪波动的模式，分析特定事件如何影响自己的情绪，并设定目标来改善情绪反应。

（8）记录"三件好事"。这鼓励我们专注于生活中让我们感到幸福和快乐的方面。通过每天在特定的时间，比如睡前，回顾并记录下当天发生的三件好事，这样我们可以培养一种积极的心态，这种心态超越了日常的挑战和困难。这些好事可以是微不足道的小事，比如一个温暖的微笑、一个友好的问候，或是自己完成的一个任务。重要的是，通过这种练习，我们开始意识到幸福和满足感往往隐藏在日常生活的简单瞬间里，我们学会了在生活的每个角落寻找和认可美好，从而培养出一种更加积极、更加感恩的生活方式。

（9）正念冥想。正念冥想指导我们以一种接纳和无判断的态度关注当下的体验。通过有意识地将注意力集中在呼吸、身体感觉、感官知觉或一个特定的词语上，我们可以学会观察自己的思绪而不被它们所牵引，从而培养出一种清晰的心智状态和对内在的深刻理解。在进行正念冥想时，我们通常会找一个安静、舒适的地方坐下，闭上眼睛，深呼吸，并慢慢地将注意力引导到呼吸上，感受空气流过鼻腔、胸腔和腹部的感觉。当我们的注意力不可避免地被杂念分散时，我们温和而不带评判地将其重新引回呼吸，这种过程本身就是冥想的一部分，它教会我们以一种宽容和接纳的态度对待自己。通过这种练习，我们可以学会在繁忙和压力之中找到宁静的避风港，从而以更加开放和包容的心态去迎接生活的每一个瞬间。

心海导航

Q1. 我第一次住校，如何才能适应宿舍的集体生活呢？

A：良好的人际关系是以互助为前提的。尽量统一作息时间，在日常生活起居中给予彼此包容和理解；不触犯室友的隐私；维护共同的生活环境；学会赞美，不吝啬对他人的夸奖。

Q2. 我每天很焦虑，无法进入学习状态，我该怎么办？

A：制订短期和长期目标，逐步实现。觉察自己的情绪，必要的时候到心理健康教育中心做咨询，了解自己的状态。

Q3. 我很难拒绝他人的请求，明知道自己没办法帮忙，也会答应下来，这让我的生活很混乱，我应该怎么办呢？

A：学会和理解生活的界限、人与人之间的界限，学会委婉拒绝的技巧。

Q4. 如何才能调动自己的积极情绪？

A：觉察自己的情绪变化，发现能调动自己积极情绪的事情，可以叠加和重复积极的事，让其成为自己生活的常态。

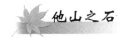 他山之石

《幸福的方法》泰勒·本·沙哈尔　著

作为风靡全球、最受欢迎的哈佛幸福课程图书，《幸福的方法》能够帮助每一个人开启智慧之门，运用简单易行的方法，达到幸福的彼岸。作者不仅把人生分为四种类型：忙碌奔波型、享乐主义型、虚无主义型、感悟幸福型，深刻地解读了大多数人不幸福的深层原因。作者提出，只要找到自己的真正使命，激发自己的潜力，从事自己真正想做的工作，体现自己的核心价值，幸福即在眼前。

《积极心理学》克里斯托弗·彼得森　著

"积极心理学"于1998年由本书作者同事、美国心理学会原主席马丁·塞利格曼提出，并逐渐发展。克里斯托弗·彼得

森，著名心理学家，临床心理学委员会原主席，全球 100 位最受欢迎的心理学家之一，美国 VIA 性格研究中心学术部主任。他是积极心理学的创始人之一，并以其在乐观、健康、幸福等领域的研究而享誉世界。

作为一位权威的积极心理学家，本书作者从普通心理学的观点出发进行写作，尝试从快乐和幸福的角度展开话题，然后谈到工作和爱，清晰而生动地阐释了这门关于美好生活的科学。

本书不仅适合心理学专业的学生阅读，也适合大众读者，它能帮助人们了解自我、认识生命、实现生命的价值。

（编写者：罗莹）

第五章 沟　　通

吃鱼的故事

一对老夫妻自结婚以来，每次吃鱼丈夫只吃鱼身，妻子只吃鱼头，一直到老。

丈夫临死的时候，妻子问他："你想吃什么，我给你做。"丈夫说："再做一次鱼吧，这次我想吃鱼头。我从小最喜欢吃鱼头，但自从我们结婚后，看你每次都抢着吃鱼头，我就告诉你说我最喜欢吃鱼身。在我临终的时候，我想再吃一次最喜欢的鱼头。"

妻子听后泪流满面："其实我最爱吃的是鱼身，但看到你每次都夹鱼身，我以为你爱吃，就抢着吃了鱼头。"

一直到丈夫死的那天，老夫妻才知道对方最爱吃的是什么。

人们多用这个故事来解读爱情，为了自己所爱的人，人们可以改变自己的生活习惯。可是站在沟通的角度，如果老夫妻能够及早坦诚沟通，真正了解对方喜欢吃什么，就不会有更多遗憾了。故事给我们的启示是：良好的沟通，能让每个人都各取所需，如愿以偿。

心灵导语

马克思指出："人是一切社会关系的总和。"人是社会性的动物，一个人的发展取决于和他直接或间接交往的其他人的发展。沟通是打通人与人之间隔阂的桥梁，因此，沟通能力是一个人生存与发展的必备能力，也是决定一个人成功的必要条件。大部分人都会说话，但把话说得有艺术性，达到良好的沟通效果，建立和谐的人际关系，就不是每个人都能做到的了。沟通是人生重要的一课，想更好地与人沟通，就需要学习沟通的技巧与艺术。

一、沟通的定义与实现

（一）沟通的内涵与外延

《说文解字》："沟，水渎，广四尺，深四尺。""通，达也。"沟通一词本指开沟以使两水相通，后用以泛指使两方相通连，延伸的意义便是指双方或多方对某个事件、某些信息和意见的交流。

沟通是人与人之间、人与群体之间进行思想与感情传递和反馈的过程，由此而达成思想一致和感情通畅的目的。人际沟通无处不在，具体是指人们之间的信息交流过程，即人们在共同活动中彼此交流观念、思想和感情的过程。这种交流主要通过言语、副语言、表情、手势、体态以及社会距离等来实现。

（二）语言沟通与非语言沟通

沟通包括语言沟通和非语言沟通，语言沟通包括口头和书面语言沟通，非语言沟通包括语音、语调、语气、肢体动作等，最有效的沟通是语言沟通和非语言沟通的有效结合。

语言是人们最熟知和擅长的沟通表达方式。语言是人与人交流的一种工具，更是文化的重要载体。语言是伴随人类劳动产生的，是社会的产物，其重要性毋庸置疑。人类的语言是人和动物的根本区别之一，人们彼此的交往离不开语言。尽管通过图片、动作、表情等可以传递人们的思想，但是语言是其中最重要的，也是最方便的媒介。

非语言沟通是相对于语言沟通而言的，是指通过身体动作、体态、语气语调、空间距离等方式交流信息和进行沟通的过程。在沟通中，信息的内容部分往往通过语言来表达，而非语言则作为提供解释内容的框架来表达信息的相关部分。因此，非语言沟通常被错误地认为是辅助性或支持性角色，而忽视了其重要性。

非语言沟通的功能就是传递信息、沟通思想、交流感情。归纳起来如下：

（1）使用非语言沟通符号起到重复言语所表达的意思或加深印象的作用，比如人们使用自己的语言沟通时，附带有相应的表情和其他非语言符号。

（2）替代语言，有时候某一方即使没有说话，也可以从其非语言符号如面部表情上看出他的意思，这时候非语言符号起到代替语言符号表达意思的作用。

（3）非语言符号作为语言沟通的辅助工具，又作为"伴随语言"，使语言表达得更准确、有力、生动、具体。

（4）表达超语言意义，比如情绪。在许多场合中，非语言要比语言更具有雄辩力，高兴的时候开怀大笑，悲伤的时候失声痛哭，认同对方时深深地点头，都要比语言沟通更能表达当事人的心情。

二、沟通的社会功能

（一）人际交往与人际沟通

心理学家阿德勒等指出，沟通能力，简言之，就是以双方都能接受的方式获取所需，从而维持关系的一种能力。沟通并非人们天生具备或缺乏的技能，而是一种我们时而能达到、时而未能达到的状态。沟通能力是因情境而异的，具有关系维度。

交际沟通能力是在人际交往和人际沟通中展现出来的综合素质。其中，人际交往能力体现为妥善处理人际关系的能力；人际沟通能力体现为向他人准确、高效地传递信息，或正确接受和理解他人发送的信息的能力。人际沟通能力和人际交往能力相辅相成，沟通能力是建立良好的人际关系的重要保证。人与人之间进行交往和沟通的目的涵盖各个方面，如陈述事实、交流情感、价值取向或阐述观点等。大学生要充分认识到良好的人际沟通对于促进人际关系的改善、促进个人身心健康发展、构建和谐的大学生活、保障学业和人生事业顺利发展具有重要意义。

（二）大学生沟通能力与学业的关系

研究表明，如果大学生的学习意愿强、学习热情高，他们与其他人之间的沟通则更加关注未来职业规划和学习方面。因此，大学生对学习的态度影响着沟通的内容，关系着学习的效果。影响学业成绩的因素比较多元，通常来说，在学习努力程度保持不变的情形下，大学生的交流沟通能力越强，自主学习的效率和效果越好。

在高校，评估大学生的学业表现主要有两种方式：一是评估学习过程中的努力程度，二是评估学习成果。学习成果的评价指标包括考试成绩、掌握知识的程度、在学习小组的作用和贡献等。而努力程度则关注过程，具有可变性和可调节性。

影响学生努力程度的因素有两个方面：一是自主学习水平，主要包括学生学习的主动性和自觉性，以及自我规划能力、自我监控能力、自我评价能力和自我调节能力，这是建立在个人认知基础之上的学习动机和自我调节机制。二是交流沟通能力。大学生在与外部环境信息交换的过程中，交流沟通能力越强，越有利于明确学习目标和学习意义，制订切合实际的学习计划，顺利完成学习计划，进而增强学习信心和促进后续阶段的学习。反之，交流沟通能力不足的学生，学习效率和学习信心可能较弱，进而削弱自主学习的努力程度。

（三）沟通的多层次功能

人际沟通具有心理、社会和决策等功能，和我们的生活层面息息相关。

（1）心理功能。人们会为了满足社会需求而和他人沟通。心理学认为人是一种社会的动物，人与他人相处就像人需要食物、水、住所等。如果人失去了与其他人相处的机会，大都会产生一些负面症状，如产生幻觉、丧失运动机能、心理失调。我们平常可与其他人闲聊琐事，虽然事情不重要，我们却能因为满足了彼此互动的需求而感到愉快。同时，由于沟通，我们能够探索自我以及肯定自我。确认自己的专长与特质，有时是借由沟通从别人的反馈中获得的。与他人沟通后所得的互动结果往往是自我肯定的来源。人都想被肯定、被重视，从互动的结果中，我们就能找寻到部分答案。

（2）社会功能。人是群性动物，喜欢群居生活，这是天性。社会学家马斯洛也指出"社会性"是人类五大基本需求之一。每个人都希望自己找到归属，在社会上被人尊重，与他人有相似的语言、生活与文化环境，才会产生乐趣，才能使生活有意义。人际关系提供了社会功能，经由社会功能，我们可以发展和维持与他人的关系。我们必须经由与他人的沟通来了解他人。通过沟通，人际关系得以发展、改变或者维系。因此在与某人做第一次的交谈后，我们可能会决定和此人保持什么样的距离，接近或远离。

（3）决策功能。我们时时刻刻都在做决策，如接下来是否要去上自习，明天要穿哪一套衣服，或者是否该给迎面而来的同学一个微笑……但有时可能是靠自己就能决定的，有时候却需要和别人商量一起做决定。而沟通则满足了决策过程中的两个功能，一个是促进信息交换的功能，一个是影响他人的功能。而正确和适时的信息是做有效决策的关键。有时是经由自己的观察，如从阅读、从媒体得来的信息，也有很大部分是经由与他人沟通而获得的信息。我们也通过沟通来影响他人的决策，比如朋友向你征询选课或购物的意见，他的询问与你的回应之间的互动就可能会影响到结果。

三、有效沟通的方法与策略

有效沟通是指沟通的信息接收者在接收到信息后，能按照信息发送者的意图正确地理解和把握信息，在强调信息正确传递的同时还强调信息的正确理解和反馈。因此，要达成有效沟通，信息发送者不仅要清晰地表达所要传递的信息，而且要重视信息接收者的反映并不断修正信息的传递。

著名社会学家费孝通先生在就"人的研究在中国——个人的经历"主题进行演讲时，总结出了"各美其美，美人之美，美美与共，天下大同"这一处理不同文化关系的十六字箴言。对于大学生构建良好的人际沟通，这十六字同样具有重要的借鉴意义和价值参考。

（一）有效沟通的心理策略

1. 悦纳自己，提高乐群性

要悦纳自己，如果一个人自卑、缺乏自信、自我封闭，就不利于良好的人际沟通。善于发现自己的闪光点和别人的长处，有人际交往的信心，是进行有效人际沟通的基础。

自远古时代开始，人类就遵循自然法则，选择了群居的生活方式。作为社会人，首先要具有积极的入世心态，要正确认识个体所处的社会群体，接受它、融入它，共享环境资源，乐享生命发展。对大学生而言，乐群的具体表现为对社会活动充满好奇和向往，具有主动参加社会实践活动的意识，主动踏进并融入社会人群的想法。

2. 宽容他人，拥有礼让的胸怀

大学生来自五湖四海，存在着不同的地域特征、性格特征、教育背景及家庭环境，在人际沟通和交往中，首先要做到相互包容，包容他人的性格特点、生活习惯、思维方式、行为特点以及家庭文化等。

在具体的人际交往过程中，要谦卑礼让，既虚心向他人学习，吸纳不同人身上的优点，又能有礼有节地保持好人际边界。在社会交往中，温良恭谦、节制守法的人，会给人带来安全感。对大学生而言，具体表现为对同伴的关心，对他人利益的维护，以及对校纪校规、法纪法规、伦理道德等的遵守。而争强好胜、利己霸道、随心所欲的人则会给人带来紧张感和威胁感，造成大学生人际关系紧张，也易引起同伴的反感。在人际交往过程中，要学会谦让大度、克制忍让，要有容人之量。

3. 换位思考，勇于真诚付出

人际交往中，接近与疏远、喜欢与不喜欢都是相互的。任何个体都不会无缘无故地接纳他人，真诚是形成实质性人际情感的基础和关键。真诚无法伪装，对于大学生而言，要做到真诚，需克服为形象而交际、为功利而交际的心态，要发自内心关心对方、关注对方。

勇于付出在人际沟通与交往中起着重要作用，付出即为互助。对大学生而言，首先要从认知层面认识到在社会中，选择人际沟通与交往，都是有所期待的，要认同"人与人之间是相互帮助的"，而非"人与人之间是相互利用的"。在学习生活当中，注重团队协作、互帮互助，对集体有担当，对家庭有回报，为友情义不容辞，为爱情甘于付出。当然，要把握好尺度，适当地付出，量力而行。

4. 合理使用网络，注重锻炼实际沟通能力

网络的发展，方便了人与人之间的交流，而面对面沟通不仅能促进人的思维、语言等各方面能力的提升，还有利于促进沟通能力的提升。大学生需要合理均衡地使用网络沟通媒介，努力锻炼实际沟通能力，多参加各种实践活动。研究指出，手机成瘾倾向与社交焦虑之间存在显著的正相关，而现实的人际交往能力与社会焦虑之间存在显著的负相关。大学生的手机成瘾程度越高，其人际交往能力越易受损，进而导致他们更不愿意与他人交往，社交焦虑问题也更为严重。

大学生平时可以参加校园组织开展的各类活动，接触不同

院系、不同专业、不同年级的校友，也可以花些时间去做志愿者工作，接触社会上不同的人。在与陌生人的沟通中，能以实际行动更有效地锻炼自己的沟通能力，培养自己的耐心，逐渐提高自己的言辞表达能力。

（二）非暴力沟通概述

非暴力沟通作为沟通交流方式和人生追求方向，由美国心理学家马歇尔·卢森堡提出。非暴力沟通致力于指导人们转变谈话沟通模式，放弃潜意识的条件反射，认真体会自我的感受等，从而突破负面情绪，用更和善、充满爱的方式待人接物。通过这种"爱的语言"，架起人与人之间互帮互助、心意相通的桥梁。

非暴力沟通有四要素：一为观察，要求沟通者在表达中秉持客观、中立的信念，不带个人感情色彩去描述自身所观察到的事物本身；二为感受，用心体会后以平和、诚恳的语言表达自我感受，避免主观臆断，其间可以适时配合使用肢体语言作为辅助，并恰当示弱；三为需要，正确认识、探究自我需要，了解哪些需要未被满足而导致当前感受并向对方如实表达，特别要注意的是，情绪的产生是由于自身当前需要未被满足，而不是将责任推给对方承担；四为请求，依据上述需要，明确提出相关请求，请求的内容最好具体，以便于对方理解并做出相关行动。

【非暴力沟通案例】如实表达自我感受

寝室里住着四位女生，A 生日当天，B 和 C 恰好在寝室休息，A 就邀请 B 和 C 一起外出就餐，D 知道此事后对她们说"我感觉你们都在排斥我"。这里的"都在排斥我"是 D 因为没有被邀请而产生的"想法"，而非"感受"。若是表达感受应为"我感到很伤心，因为宿舍一起聚餐的时候，你们没有邀请我"。这里的"伤心"就是 D 的真实感受，而"聚餐没有邀请我"是客观描述。

在非暴力沟通中，区分感受和想法并如实表达感受，是非常重要的。

（三）沟通能力与艺术

理想的人际关系是建立在相互交流的基础之上的。人际沟通的能力指一个人与他人有效地进行沟通的能力，包括外在技巧和内在动因。恰如其分和沟通效益是人们判断沟通能力的基本尺度。很多人能够侃侃而谈，就以为自己很会和他人交流，其实他们只顾着表达自己的意见，没有考虑到他人的感受，这样的交流不算成功的沟通，只是单方面的行动。

沟通是一门艺术，提升沟通能力可以从以下几个方面入手：

（1）尊重是沟通的前提条件。每个人的内心都需要得到他人的尊重，每个人也都有他人不具备的优势，尊重缘于了解，尊重是关爱的表现。人一旦觉得被他人尊重，就会产生信任。我们最熟悉的莫过于自己的事情，所以与人交谈的关键是要对别人尊重和感兴趣，使对方自然而然地谈论自己。沟通只需真诚地以对方为主题就可以顺利开启，不必煞费苦心地去寻找特殊的话题。

（2）适当地暴露自己，可以增加对方的信任。心理学家詹姆斯说过："与人交谈时，若能做到思想放松、随随便便、没有顾虑、想到什么就说什么，那么谈话就能进行得相当热烈，气氛就会显得相当活跃。"以自己为话题开始谈话，是人际沟通最初的润滑剂。

（3）掌握批评的艺术。在交谈过程中，如果不得不提出批评，一定要艺术地表达。首先，不要当着别人的面批评；其次，在进行批评之前应说一些确认和赞赏的话，然后再以"不过"等转折词引出批评的方面，即用委婉的方式；再次，批评对方的行为而不是对方的人格，就事论事；最后，批评时注意语气，用协商式的口吻而不是命令的语气批评别人。

（4）轻松、愉快的氛围是沟通的先决条件。在交谈中，双方的心理和情感汇合在一起时，就形成了谈话的氛围，这种氛围对谈话的效果有很大的影响。如果参加谈话的所有人或大多数人的心理和情感与说话者一致，气氛就会变得轻松愉快。反之，气氛就会变得紧张或死气沉沉，人们会有窒息感，当然不会有好的交谈。人们通常会把赞同自己意见的人看作是一个有利于提高自身价值和有利于增强自尊心的人，进而表示接纳和亲近，谈话时若能谈谈与对方相同的意见，对方自然会对你感兴趣，而且产生好感。

（5）学会倾听。良好的沟通中有 80% 的因素取决于听，只有 20% 取决于说。一个人越是有修养、有水平，他在听别人讲话时就越认真。倾听对方讲话有以下技巧：眼睛要注视对方；从态度上显示出很感兴趣，不时地点头表示赞成对方；身体前倾；不时发问或回应，如"哦""是的""后来呢？"；不中途打断别人的讲话；不随便改变对方的话题。

（6）学会赞美。要想获得良好的人际关系，就要利用心理上的相悦性，学会不失时机地赞美别人。人际交往存在自我意识（价值）保护动机，个体对他人的评价极其敏感，个体对肯定自我的人认同和接纳，并给予肯定与支持。托尔斯泰说："就是在最好的、最友善的、最单纯的人际关系中，称赞和赞许也是必要的，正如油对轮子是必要的，可以使轮子转得快。"

当然，赞美必须发自内心，同时应注意赞美他人具体的行为和品质，而不要笼统地夸这个人好。

（7）学会谈话与观察。谈话可以分为这几种类型：一是社交谈话，通过语言接触，属于建立社交关系的闲聊。二是感性谈话，卸下心中重担，属于宣泄沟通，是人际关系的润滑剂。三是传递资讯，交流双方的对话你来我往、双向沟通。

就沟通的效果来说，语言内容占 7%，影响最小；肢体语言，包括姿势、手势、视线的接触、仪表等占 55%，影响最大；而语音、语调、语气等声音要素，占 38%，居于两者之间。因此，要善用语音与语调、语速，使用面部表情与手势，使用身体语言，调整好姿势、社交距离和目光，鼓励别人谈论观点，善用提问的技巧等。

【实践与练习】

生活中，同学们不可避免会与他人发生一些不愉快或小摩擦，冷静下来想化解矛盾，却又抹不开面子，不知道如何开口，以至于错过化解矛盾的机会，严重的还会导致关系破裂。请同学们分享自己在生活中遇到的类似故事，分析沟通中出现的问题，并一起找到沟通策略和解决办法。

 心海导航

Q1. 我是一个爱面子的人，如何才能拒绝别人？

A：学会拒绝别人，是人际沟通的重要能力。不会拒绝，常常让我们受到很大的伤害；如果拒绝得过于强硬，则会让对方伤心难受。怎样在自己力所不能及的事情上合情合理地拒绝

别人，是与人相处的科学与艺术。

首先，拒绝别人态度要明确，模棱两可的态度不宜取。坦率地表达自己的拒绝需要一种真诚的态度，不需要掩饰，用坚定而礼貌的语气，让对方知道你的决定是坚定的。其次，语气要委婉，委婉地表达较易为人接受，不容易造成咄咄逼人的感受。在拒绝时，如果你有一个合理的理由，不妨简短地解释一下，这容易让对方理解你的立场。最后，要尽可能给对方提供建设性的建议。拒绝并不一定意味着对方的需求完全无法得到满足，我们可以帮助对方找到其他途径或者推荐其他人来满足他们的需求。这样的建议能够表现出你的关心和善意，同时也让对方感到受尊重。

Q2. 人际关系好等于每次都说别人好话吗？

A：当然不是。不要总是刻意为了讨人喜欢去迎合别人，这样往往会给人一种你没有主见的印象，反而不利于人际关系。人需要有自己的主见，有自己的价值观和办事的风格，这样别人才会尊重你。当然我们都知道，矛盾一般在意见不合时产生，在你不同意别人的意见时，请尽量用委婉的方法提出，并使用"不过，我认为""我有一个想法"等短语，这样并不是完全否认了别人，使他人容易接受。同时，对于他人的见解，要认真倾听，好的主意一定要积极地赞成，不要吝惜自己的赞美。

Q3. 想向别人求助时，害怕被拒绝怎么办？

A：能够接受拒绝需要自信和勇气。怕被别人拒绝的心理状态在心理学上称为"被拒敏感"，这其实是一种社交焦虑，缘于内心的弱小和不安。因此，最根本的还是要从改善和培养个性做起，练就开放的个性，才能最终达到获取人际自由、解放自己的目的。

同时，要对"被拒绝"有正确的理解，都说"忠言逆耳利于行"，要学会将"被拒"产生的"不认同感"转化为正能量。能接受来自他人的不认同感是一个人成熟和心胸宽广的体现。在社会生活中，被拒绝是一件再正常不过的事情，有些时候，被他人拒绝会帮我们进行客观的自我评估。

Q4. 为什么爱得越深，争吵越严重？

A：情侣在一起难免有吵架的时候，但大多数情侣总是在吵架的时候说气话，不少情侣会因为无法协调好吵架的问题导致分手，归根结底是不会处理冲突。首先，要学会自己控制情绪，在生气时也要就事论事，不说或者少说伤害人的语言；对方说狠话时，千万不要当真，理解那只是由情绪导致的。其次，要尽量等到大家都冷静的时候再进行有效沟通，有过错的一方要真诚地道歉。最后，无论争执多严重，都不要拿"分手"来做撒手锏，对方会当真的。

Q5. 男朋友每次都不理解我为什么生气，导致我会更生气，该怎么办？

A：男性和女性的思维模式的确有较大差异，在沟通方面，男性通常倾向于目标导向，女性通常倾向于情感导向，从而导致女性认为男性忽略了自己的情感。因此，恋人在沟通时，要特别意识到双方的差异，有问题要直接沟通，包括各自的需求、情绪以及希望，千万不能让对方猜谜。

Q6. 遇到无端指责我的人，我既生气又不知道该如何回应，应该怎么应对？

A：被人指责肯定是不愉快的经历。被他人指责可能有两种情况：一种是他们确实有道理，只是我们自己没有意识到。遇见这样的情况，我们需要调节自己的情绪，冷静想想对方是否有道理，如果有就告诉自己，对方是在帮助自己成长，所谓良药苦口，试着改变方式，看看结果会不会更好。另一种确实是无端指责，喜欢指责别人的人一般都会假定自己站在道德制高点上，以指责的方式显示出自己的高明和权威。碰到这样的人，其实改变他们挺难的，最正当的还是改变自己的心态，让自己更加宽容大度，俗话讲"有则改之，无则加勉"，不予过多理睬是相对更好的方法。

Q7. 我每次和老师说话都很紧张，有没有好的办法消除紧张？

A：与权威的人交流会产生紧张感，是每个人都会遇到的。克服紧张最好的方法是加强训练。比如在平时，讲话的时候尽量看着别人的眼睛，也许一开始这会让你有点不知所措，但是这其实是一种集中注意力的方法，而且还是一种有礼貌的习惯。顾虑少了，紧张就会减少。或者你提前做些准备，讲话时只需要把注意力集中到你想要说的内容上，然后把它说出来就行了。另外，在日常生活中可以自己练习对镜子说话，多在认识的群体中进行演讲或公众发言，经常和不认识的人主动问好，多去公共场合和大家交流。慢慢训练，你一定能具备自信地与人交往的能力。

Q8. 寝室里有室友晚上不睡觉打游戏，影响我休息，怎么才能让他觉察？

A：网络游戏上瘾是高校工作面临的难点。首先你可以善意地和他认真谈一谈，讲清缘由，提出建议和要求，交谈的口气要友好、平和一些，氛围要和谐。如果没有效果，可以联合其他同学一起跟对方交流沟通，制定合理的寝室作息规则，维护集体的利益。如果还不行，建议你报告给学校，由老师出面来做工作。

Q9. 如何拒绝不喜欢的人的示爱？

A：如果有一个人对你表达爱慕，而你又对他没有感觉，要在维护对方的自尊的情况下委婉拒绝。为了减少拒爱给对方造成的心理伤害，也使对方更易于接受，要设法维护对方的心理平衡，尽量减少对方的内心挫折。我们倡导具有艺术性但又要明确地表达拒绝。

如果有人在你表达了拒绝后还总是缠着你，那么你就要表明坚决拒绝的态度，不能因此而犹豫不决。如果你的回答不够坚决，会让对方误会，以为你在考验他。还有就是尽量在拒绝后少和对方来往，和他拉开距离，刻意地远离他，不要让他对你有任何的幻想。

Q10. 我跟异性说话会脸红，也不敢看对方的眼神，特别尴尬，怎么办？

A：脸红通常是害羞的表现，属于正常现象。人一旦紧张或害羞就会脸红，通常是受自主神经控制，而不是受意识控制的。最好的方法就是放松。脸红就让它红，不要去控制，越是放松，脸红消失得也越快。相反，越是控制，反而越容易脸红。从长远来看，要注重树立自信，不断提升人格魅力，并主动训练自己在异性面前落落大方表达自己的能力。

 他山之石

《社会心理学》戴维·迈尔斯　著

本书是社会心理学领域的重要教材。本书将基础研究与实践应用有机地结合在一起，以富有逻辑性的组织结构帮助学生了解人们是如何思索、影响他人并与他人建立联系的，是人们了解自身、了解社会、了解自己与社会之间关系的指导性书籍。

《沟通的艺术》戴尔·卡耐基　著

戴尔·卡耐基是 20 世纪著名的成功学导师。他运用心理学和社会学知识，对人类共同的心理特点进行探索和分析，开创和发展了一套独特的融演讲、推销、为人处世及智力开发于一体的成人教育方式。全书共分八部分，内容包括：人际沟通必须掌握的基本技巧，如何让他人喜欢并乐意帮助你，如何让他人赞同你的想法，如何更好地说服他人，男性专用的家庭沟通技巧，女性专用的家庭沟通技巧，如何克服沟通中的忧虑心理，如何掌握演讲的沟通技巧等。

《非暴力沟通》马歇尔·卢森堡　著

《非暴力沟通》的作者马歇尔·卢森堡博士，是国际性缔造和平组织非暴力沟通中心的创始人和教育服务主管。书中介绍了马歇尔·卢森堡博士发现的一种沟通方式，依照它

来谈话和聆听，能使人们情意相通，和谐相处，这就是"非暴力沟通"。卢森堡博士早年师从心理学名家卡尔·罗杰斯，后来发展出极具启发性和影响力的非暴力沟通的原则和方法。

（编写者：王英梅）

第六章　恋　　爱

　　从前在一个遥远的小岛上，住着一群原始的感觉——快乐、悲伤、谦虚、贪婪等。当然，爱情也住在这个岛上。有一天，这个小岛即将沉没，于是大家都赶紧收拾行李，坐上自己的小船，准备逃离这个小岛，去寻找另一片土地。只有爱情留了下来，她想等到整个岛沉没了，才坐船离开……

　　可是，等到整个岛沉入了海洋，爱情才发现自己的小船也沉没了。于是，爱情决定向其他伙伴求救。

　　富有的小船是距离爱情最近的一艘，但是，富有拒绝了爱情，他说他的小船已经载满了金银珠宝，载不动爱情。

　　就在这时候，虚荣也经过了爱情身边，但是他也拒绝了爱情的求救，因为他嫌爱情全身湿漉漉的，都是又咸又脏的海水，会弄脏他华丽的小船。

　　爱情等啊等，终于看见悲伤的小船驶过来了，但是悲伤也拒绝了爱情，因为他早已经习惯了孤独一人。

　　不久快乐也来了，但是他只顾自己哼着愉快的歌，完全没有注意到爱情的求救。

就在爱情感到心灰意冷的时候，又有一艘小船开过来，船上站着一位爱情不认识的老人，老人笑呵呵地对爱情说："让我来载你吧。"爱情开心地笑了，搭上小船，和这位老人一起离开了这个沉没的小岛。

他们来到了一片净爽的土地，老人放下了爱情，又继续自己的旅程。获救的爱情这才想起，自己居然忘了问那位老人的姓名。

有一天，爱情碰到了另一位叫智慧的老人，就问他那天帮助自己的老人叫什么名字。智慧老人告诉她说："他的名字叫时间。他之所以愿意帮助你，是因为整个岛上只有他才能明白你存在的价值。"

（摘编自网络）

爱情在大学校园里是永恒的话题。没有恋爱的人，也许会困惑于什么样的感情才算爱情，也许会在心中憧憬理想的恋爱对象，也许会苦恼如何去表达自己的爱意。正在恋爱的人，也许会去比较不同的恋人之间的爱情模式有什么区别，也许会在两人的矛盾争吵中困惑，也许会一起描绘未来的美好生活。而失恋的人，也许正在体会失落和挫折，茫然而不知所措。

当爱情成为人生中一个重大课题时，应当如何面对？当你能够正确面对爱情的各种问题时，也就获得了个人的成长。

 心灵导语

一、爱情的内涵

千百年来，爱情一直是古老而永恒的话题，有"但愿人长久，千里共婵娟"的祝福，有"东边日出西边雨，道是无晴却有晴"的困惑，有"曾经沧海难为水，除却巫山不是云"的忠贞，有"死生契阔，与子成说，执子之手，与子偕老"的美好，有"众里寻他千百度，蓦然回首，那人却在灯火阑珊处"的寻觅，更有"莫道不销魂，帘卷西风，人比黄花瘦"的煎熬。

爱情是一个古老而永恒的话题，也是人类精神世界的不竭动力之一。爱情是人类情感中最复杂、最微妙的一种，会给人带来各种感受。

自 20 世纪 30 年代以来，学者们致力于从不同角度对爱情进行阐述。美籍德国精神分析学家艾里希·弗洛姆认为，爱是指热烈地肯定他人的本质，积极地建立与他人的关系，在双方各自保持独立和完整性基础上的相互结合，爱的本质是给予而非获取，爱的目的是使其对象获得幸福、发展和自由。他认为所有形式的爱都包含共同的基本要素：关心、责任、尊重和了解。美国社会心理学家齐克·鲁宾是对爱情进行系统科学研究的第一人，他认为爱情是个体对特定他人持有的一种态度，比如更加思念对方，希望和对方身体接触。他认为爱情的三种成分包括亲密依赖需求、帮助倾向、排他性和占有性倾向。美国心理学家斯坦顿·皮尔认为，爱情是一种广泛的经历，它能为个人提供更多的机会来接触世界和了解除身边以外的人，使人

更活泼、勇敢、开放；爱情是一种帮助性的关系，双方彼此信任，能接受和提出批评而不担心影响两人关系；爱情能提高一个人的能力，实现外部的成长，也能增强生活中的快乐，是友谊和吸引力的延续。

在心理学领域，鲁宾的爱情态度理论区分了喜欢和爱，斯腾伯格的爱情三角形理论非常形象地揭示了复杂的爱情关系，是目前重要且最为人熟知的理论。

（一）爱情态度理论

在鲁宾将爱情定义成对某一特定的他人所持有的一种态度之后，爱情得以进入心理学界的主流视野，学者开始使用心理测量来研究爱情。

鲁宾假设爱情是可以被测量的独立概念，可视为一个人对特定他人的多面性态度，他从文艺著作、普通常识及人际吸引的相关文献资料中，寻找并拟定表述感情的题目，经过项目分析、信度、效度检验形成爱情量表（love scale）和喜欢量表（liking scale），最终发现爱情与喜欢有本质区别。鲁宾认为，爱情包含了三个因素，分别是依恋和亲密、关怀和奉献、排他和独占；而喜欢也包含了三个因素，分别是为对方所吸引、尊重对方、认为对方与自己相似。

（二）爱情三角形理论

耶鲁大学心理学教授斯腾伯格认为，人类的爱情虽然复杂多变，但基本上由三种成分构成：亲密（Intimacy）、激情（passion）、承诺（commitment）。完美的爱情同时具备亲密、激情和承诺（见图6-1）。

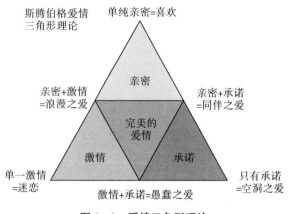

斯腾伯格爱情三角形理论

单纯亲密=喜欢

亲密

亲密+激情
=浪漫之爱

亲密+承诺
=同伴之爱

完美的
爱情

激情　承诺

单一激情
=迷恋

只有承诺
=空洞之爱

激情+承诺=愚蠢之爱

图 6-1　爱情三角形理论

亲密属于情感成分，包括亲近、理解、交流、支持、分享。情感包括对伴侣的好感和高度评价、高度尊重，相处时的愉快、舒服、温暖，与对方亲密沟通，分享彼此的想法和成长，与伴侣一起体验快乐的事情，愿意让所爱的人幸福，在对方需要的时候提供帮助，同时在自己需要的时候也可以依赖对方。亲密一般最初发展缓慢，然后稳步发展至平稳的水平，最后再下降。

激情属于动机成分，是指与伴侣日夜厮守的强烈渴望。处于爱情中的人看到对方就会有强烈的兴奋感觉，非常渴望和对方在一起，没见面时心中总是想着对方，一旦分离就会强烈思念。与亲密不同，激情最初发展迅速，但一段时间之后，当初的兴奋和满足感可能就会消失。

承诺属于认知成分，是决定去爱一个人并愿意和其维持长久关系的决心和努力。承诺包括短期和长期两个部分。短期的部分是指个体"决定"去爱一个人，长期的部分是指对两人之间亲密关系所做的持久性承诺，决定患难与共、亲密相伴。承诺是维系关系长久的动力。

亲密是"温暖"的，激情是"热烈"的，而承诺是"冷静"的。这三种成分的不同组合就构成了不同的爱情类型。分别是：

（1）喜欢，只有亲密。

（2）迷恋，只有激情。

（3）空洞之爱，只有承诺。

（4）浪漫之爱，结合了亲密和激情。

（5）同伴之爱，结合了亲密和承诺。

（6）愚蠢之爱，结合了激情和承诺。

（7）无爱，三种成分俱无。

（8）完美的爱，同时具备三种成分。

随着认识的时间增加及相处方式的改变，上述的三种成分将有所改变，随着爱情三角形所组成元素的增减，其形状与大小也会跟着改变。三角形的面积代表爱情的质与量，面积愈大，爱情就越丰富。

二、爱的能力

爱是需要学习的，爱是一种能力，包括爱自己和爱他人两个部分。

（一）看到自己的价值

爱别人之前，我们要先学会爱自己，拥有健康、独立的人格。我们每个人生来都是独一无二的，有着独属于自己的生命能量。当我们相信自己值得被爱，相信自己可以成功时，才能以独立的人格与恋人相处，拥有平等的爱情。

有的人认为找不到恋人就说明自己不够优秀，于是在恋爱上随波逐流，看到别人恋爱也匆忙谈上恋爱，以此证明自己的能力；有的人认为自己不值得被爱，一旦有人追求自己就马上接受，以此来获得价值感；还有的人虽然很优秀，但总担心自己哪一天就会被恋人抛弃，因此总会在恋爱中制造出各种问题。

其实，这些都是自我价值感低的表现。能够看到自我价值的人，才能被别人看到价值。我们可以选择像认识一个新朋友一样，重新认识自己，了解自己的性格特质，去接纳自己的"弱小"与"做不到"，然后花些时间和自己交谈，并鼓励自己"你很好""你有自己美好的特点""我相信你""你值得被爱""你可以做到"……如果每天坚持这样善待自己，你会开始和自己亲密起来，并逐渐发现自己的可爱之处，珍视自己的存在。

相信处于大学阶段的大部分人，内心深处都渴望与另一个人建立亲密关系。在这种亲密关系中，我们不需要刻意得到对方的爱和接纳，而能够将自我毫无保留地展示给对方。真正的亲密就是彼此能够坦然地显露真实的自我、真实的想法和真实的感觉，而不会因此被嘲笑或被拒绝，这是一种真正的自由，这样两个人的关系会越来越坚固。

在这里，让我们停一停，静下心来想一想：

如果你有恋人，你们彼此能坦然地显露真实的自我吗？

如果你还没有恋人，你准备好向你爱的人袒露真实的自己吗？能让别人了解真实的你吗？

如果你的答案是否定的，就要多关注下自我成长方面的内容，只有当你拥有一个恰当的，基于自信、信任和独立的自我评价时，你才会真正接纳自己、爱自己，你才有能力开始与别人建立真正的亲密关系。

如果你还没有正确认识自我，不自信，请不要急于进入恋爱，因为不能爱自己的人，常常有一种内心恐惧：没有人会爱我，我也永远不可能爱别人。因此，这样的人会很容易用一些虚假的方式来欺骗自己。

（二）维持爱的能力

当相恋的激情渐渐消退，爱情的新鲜感逐渐消失，很多人会陷入"相爱容易相处难"的困惑中。我们怎么才能维持爱情呢？

首先，要看到的是每个人都是不同的，人与人之间的差异不是隔离彼此的障碍，而是相互学习的机会。所以，带着好奇和欣赏的眼光来看待和尊重彼此的不同，才能从中获得成长。

其次，要理性对待恋人间的冲突。冲突中的两人其实都在表达自己的感受和需要，可以先接纳自己和对方的情绪，再根据对方的需要做出反馈，并且真诚坦率地和对方沟通。

（三）爱的五种语言

在恋爱和婚姻中，人们有时会有这样的困惑：为什么恋爱中的每个人都付出了很多，而对方却没有感受到爱？

可以问自己这样一个问题：你表达爱的方式是对方想要的吗？如果你仅仅用送礼物的方式表达爱，但是对方需要的是你的陪伴，那么对方便无法感受到你的爱。每个人都是独立的个体，成长于不同的家庭环境，表达爱的方式各不相同，这些不同常常会引起恋人之间的误解。

我们可以用哪些语言表达爱呢？

（1）肯定的言辞。简言之就是鼓励、肯定、夸奖和赞美。每个人都希望被他人欣赏，恋人之间更是如此。伴侣间真诚的欣赏和鼓励是表达"我爱你"的有效方式之一，也是爱情保鲜的重要秘诀。但是，鼓励不是施加压力。如果自己不希望减肥，而对方却说"你一定能变得更瘦"，这不能算是一种鼓励。

（2）有意义的时刻。与恋人在一起有意义的时刻不是指你与他/她肩并肩坐在一起各自玩着手机或做自己的事情的时刻，而是指你与恋人在一起全神贯注地交流、分享内心深处的种种感受和生活中的点点滴滴、专注倾听对方的话语、体验彼此的关心与爱的时刻。也许每天你们在一起的时间并不长，但这是你们一起度过的美好时光。

（3）精心的礼物。这是最容易学习的爱的语言之一。礼物是爱的视觉象征，礼物的价值不是用金钱来衡量的，它只是在传递"我的心里一直有你""虽然我没有经常陪伴你，但你对我来说是很重要的"的讯息。有时自己亲手制作或是花费心思淘来的礼物更有意义。

（4）服务的行动。自愿为对方做一些事情，为对方"服务"。例如：恋人在你忙于学习时默默地为你买你爱吃的饭菜，出行时帮你背重重的行李，天冷时叮嘱你注意身体。热恋时，为对方"服务"是自觉自愿的，甚至费尽心机，但是过了热恋期，有些人可能会变得不同。随着激情的褪去，许多人会忽略这个爱的语言，但是它对于维持关系、化解冲突至关重要。

（5）身体的接触。恋人间的牵手、拥抱都能传递爱的信息，这是感情沟通最微妙的一种方式，也是表达爱的有力工具。和所爱的人有适当的身体接触，有时胜过千言万语。当对方心情沮丧时，不妨给他一个温暖的拥抱。

在爱的五种语言中，你最喜欢用哪种语言表达爱呢？使用哪一种语言才能让所爱的人感受到爱，需要基于双方的相互了解、沟通和探索。只有熟知对方爱的语言，用对方喜欢的方式表达爱，才能真正拥有表达爱的空间，让恋情被更多的爱滋养。

三、应对失恋

人生的每一个阶段本身就代表生命的意义，不同的年纪、不同的心境下，我们都需要爱的陪伴，虽然常常无法如愿。但仔细想想，更多的时候，我们会为一个阶段的形单影只，错失了只属于那个年纪的心爱而遗憾，却不会因为拥有了某一段感情而后悔。

有人不敢去恋爱，害怕有一天对方会变心，害怕在一起后还是会分开。其实失恋并不可怕，可怕的是害怕本身。结束一段恋爱关系常被看作是一件不好的事情，尤其是当提出分手的那个人不是自己时，自己会感觉被抛弃了。但是，我们可以想象一下，如果我们有足够的勇气去结束一段不合适的恋情，将会避免多少心碎。

并不是每一段爱情都能以"直到死亡将我们分离"这样的承诺来结束，更多时候，随着我们的变化和成长，原本合适的人可能也不再那么合适了。面对一段关系的结束，我们必然会感到痛苦和伤心，所以，为了更快地从失恋当中走出来，我们可以采取哪些策略？

第一，接受失恋就是会痛苦这个事实。因失恋而痛苦是我们作为社会动物的一种本能，这并不代表个人的软弱，不要为"当断不断"而责备自己。

第二，接纳自己的感受和想法。不要去刻意压抑自己的想法，尽量做到不评判地去拥抱这些负面情绪，最重要的是，不要为了这些想法二度攻击和指责自己。

第三，要主动断联。在恋爱关系结束之后，如果自己还对对方有感情，那么，不痛不痒的问候只会让我们更难以走出这段关系。所以，我们有必要和前任保持一段距离，包括不再关注对方的动态，不再进行没有意义的短暂交流等。

第四，重新找到生活的重心。我们可以将失恋的疗愈看作是重新认识自己的一个契机。可以思考：我的兴趣到底是什么？我的学习或者职业规划是怎样的？除了恋爱，我还有哪些珍视的人际关系值得去经营？重新去发现自己的兴趣，规划自己的生活，维护自己的人际关系，都可以帮助我们丰富自己的内心，填补失恋带来的暂时的心灵空白。

第五，在需要的时候，及时寻求他人的帮助。我们要时刻记住，失恋的你并不是孤身一人，我们的家人、朋友、老师、心理咨询师，一直都在。

 心海导航

Q1. 都说谈恋爱是大学里的必修课，可是我又害怕在恋爱中受到伤害，我该怎么办呢？

A：在谈恋爱之前，我们就要做好受伤的准备。每一个人在还没开始谈恋爱时，心里都会有一个"梦中情人"的影子，并对这个"梦中情人"赋予很多期待，然后我们就会到现实生活中去寻找一个和这个"梦中情人"相像的人。然而，理想中的"梦中情人"和现实中的他/她之间总会存在差异，这个时候你就会感到失望、失落，就会有受伤的感觉。只有经历过这种受伤的感觉，你才能知道你真正想要的和适合的是怎样的

人，才能渐渐成为一个好恋人。所以，受伤是爱情必然经历的过程，如果想要体验爱情的美好，必须学会应对受伤，而这种应对方式必须在谈恋爱的过程中通过两个人的慢慢磨合才能获得。

Q2. 我怎样才能找到适合自己的那个他/她？

A：首先，你需要了解自己谈恋爱是为了什么。问题的答案越清晰、越真实，你也就离找到适合自己的那个他/她越近。同时，根据亚历山大·阿维拉博士的研究，在内向、外向相似的基础上，性格有一定程度的互补，是最好的对象。所以，最适合自己的他/她，在性格上不一定是完全的互补或者完全的相似，关键是，在选择了他/她之后，要在相处的过程中慢慢磨合和适应彼此。

Q3. 我暗恋他/她很久了，该继续，还是该放弃？

A：暗恋一般都是从青春期开始的，我们暗恋的那个他/她通常都带有我们希望自己能够获得的理想品质。暗恋，其实是"自恋"在另一种层面的体现。所以，当你暗恋他/她时，可以列出你爱他/她的理由，这样你就会发现你的内心需要的是什么；也可以把你对他/她的爱写进日记里面，当几年后回顾这段经历的时候就会真正明白这段爱带给你的心灵成长。暗恋并不是没有时间期限的过程，随着时间的推移，自己和暗恋对象的成长，我们也许会发现自己不再需要暗恋，也许会发现他/她不再是我们当初想象的样子。所以，我们需要给暗恋设定一个期限，并在真爱来临的时候收藏好它。

Q4. 我很爱他/她，为他/她付出了那么多，为什么他/她还是不接受我？

A：两个人谈恋爱，为对方的付出就像是两个装了水的杯子，你倒给我一点，我倒给你一点，这样两个杯子都不会空，爱会一直滋润着对方。如果你把自己杯子里的水都倒给了他/她，他/她的杯子满了，而你自己的杯子却空了，爱情也就快结束了。你为他/她付出了那么多，给他/她的杯子倒满了水，他/她还是不接受你，其实是因为他/她喝不了那么多水。在恋爱关系中，并不是做得越多，获得的爱情就越多。你做得越多，"自我牺牲"越多，你的"自我"就消失得越快，别人爱你的理由也就消失得越快。因此，爱情需要建立在对彼此需求的尊重和公平的付出的基础上，给对方留点爱你的空间。

Q5. 和他/她相处了一段时间，却发现他/她身上有很多缺点，我该怎么办？

A：他/她的一些缺点，可能会随着激情的消退而显现出来，你可能会突然间发现他/她就像变了个人。聪明的人，会先试着给对方第二次机会，尝试接受看看。你可以向对方表达出自己对这些缺点的不满，并且一起做一些约定，比如"每天都要在一起聊15分钟""减少与异性的过多联络""每天只玩网游1小时"等，然后等待时间来验收效果。大部分情况下，改正一个习惯需要很长时间，即使对方想努力，有时候也会败给"坏习惯"。如果过了很久对方都很难履行约定，你需要想一想：如果他改不了，就这样了，我能接受这样的他吗？如果你尝试了，却发现自己还是受不了，这时请选择放手。你可能会想，为了这么一点小事就放弃，会不会有遗憾？确实会有遗憾！但你已经尝试让自己去接受了，只是仍然接受不了他/她的这个缺点，与其拖着，让自己一直不开心，不如早点放手，选择更适合自己的人与生活。

Q6. 我和他/她虽然感情很好，但性格上有很多差异，这会不会成为影响我们感情的绊脚石？

A："性格不合"似乎是感情终结的头号杀手，很多分手的恋人都以这四个字作为理由。事实上，两个人能在一起，最初吸引你的也就是性格上的差异。经历了最初的激情后，这些差异会被放大，我们对相似的需要便会超过差异带来的吸引力，这也就使我们对差异产生了"零容忍"。如果你和他/她都希望感情继续良好地发展下去，那么"容忍"是维持爱情的法宝。学习从对方的角度来看问题，熟悉对方和自己不那么像的地方，学会欣赏对方的差异，这样才能越走越快乐。

Q7. 我是他/她的知己，这样的感情是爱情吗？

A：两个异性之间要么是友情要么是爱情，如果介于友情和爱情之间，就是暧昧。真正的爱情包含了亲密、激情、承诺三个部分，当没有激情只有亲密和承诺时，我们会体验到同伴之爱。所谓的知己，也是这样一种感情，你们之间有长久的心灵交流和依赖，但并不存在激情。知己和恋人不能相互转化，只有同时具备亲密、激情、承诺，才能称之为爱情。

Q8. 我和他/她是异地恋，我们要怎么维持感情？

A：对于异地恋来说，之所以可以坚持，关键在于物理距离可以消除的概率多大。要维持有距离的爱情，需要保持彼此心灵上的理解和尊重，通过多种方式多交流、多沟通，及时表达感情、分享生活，同时也要信任对方，保护并尊重对方的私人空间，理解对方的真正需要。

Q9. 我不爱他/她了，可是又不忍心提出分手，我该怎么办？

A：分手确实需要很大的勇气，如果已经确定了，就明确表达自己的意思，如果希望对方能够自己猜到而只是通过一些不同以往的行为暗示对方，反而会让事情变得更糟糕。无论是什么原因导致分手，都要告诉对方真正的原因，理性地和对方进行沟通，也认真倾听对方的想法，恳切地请求谅解，尽量不激怒对方，坚持自己的态度，保护自己不受伤害。

Q10. 我和他/她分手了，我要怎么才能快速忘掉他/她，开始新生活呢？

A：我们都在恋爱中获得成长，失恋虽然让我们悲伤、流泪，但其实也是在冲刷我们的心灵，让我们看到自己的不足。分手之后，我们可以：①通过向人倾诉、写日记、运动和旅游等方法来稳定自己的情绪，给自己一段时间来处理失恋后的情绪低谷。②理性梳理。可以给自己一些积极的自我暗示："恋爱失败了还可以再来，爱情是人生很重要的一部分，但不是全部""爱情不是是非题，而是选择题""痛苦也是人生的一种经验，它会帮助我成熟""他/她失去的是一个爱他/她的人，而我只失去了一个不爱我的人""分手了就做回美好的自己，一个人的世界同样精彩"。③在反思中成长。可以问自己："分手的原因是什么？""在一起是否适合？""我到底了解他/她多少？""我对他/她有没有足够的关心和尊重？""怎样才能获得真爱？"

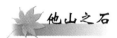 他山之石

《爱的艺术》艾里希·弗洛姆 著

《爱的艺术》是德裔美籍心理学家艾里希·弗洛姆最著名的作品，自 1956 年出版至今已被翻译成 32 种文字，在全世界畅销不衰。在《爱的艺术》中，弗洛姆对于"爱是什么""为何我们需要爱"等问题，有着不同于一般人的诠释。这并不是一本教人学会如何爱的情爱圣典，而是关于指导人生意义的心灵哲学。

《男人来自火星，女人来自金星》约翰·格雷 著

作者以男女来自不同的星球这一新鲜、生动、形象的比喻作为他的全部实践活动的理论支撑点，即男人和女人无论是在生理上还是心理上，无论是在语言上还是在情感上，都是大不相同的。这本书是获得与异性完美关系的极佳指南，它为男人和女人之间的沟通做出了突出的贡献。

《爱的五种语言》盖瑞·查普曼 著

查普曼博士发现人们基本上有五种爱的语言：肯定的言辞、精心的时刻、接受礼物、服务的行动、身体的接触。两性间的许多误解、隔阂、争吵都是由于不了解或者忽略了对方的

主要爱语造成的。当亲密关系中的双方主动选择使用对方的主要爱语时，就能够很好地发展彼此的亲密关系，并积极地处理关系中的冲突和失败。

（编写者：冯佳）

第七章　危机干预

　　某高校一女生因为转专业问题情绪失控，出现心理危机，大致情形如下：该女生属于第二批补录生，学校没有根据她的志愿录入Ａ学院，而是将其录入Ｂ学院。该女生来到学校后，要求转专业到Ａ学院，学校有关部门答复其需要写转学院申请，符合条件方可调整院系，原则上不予转院系。该女生得知这种情况后，非常不满，情绪曾一度失控，直到后来发短信给教务处老师以死相逼。

　　这种情况我们该如何解决？如果你是该女生的同学或好友，遇到这种情况该怎么办呢？

　　案例解读：

　　这位女生正处于一场严重的心理危机之中。她正在通过一种极端的抗议方式来达到自己的目的，即以威胁要结束自己的生命，来表达学校没有满足她的要求后的不满情绪。在这种情况下，我们可以理解她所经历的困境，并且意识到，当个体经历了努力而未能达成目标时，可能会产生愤怒和不满的情绪。这些情绪有时可能会转化为对外界和他人的不满，当然有时则可能转移到自己身上。

这位女生明显缺乏解决问题的有效途径，并且可能没有充分理解学校的规章制度。她可能持有一定的自我中心观念，认为自己的需求应当得到优先考虑。然而，如果她能理性地看待问题，这件事带给她的感受可能会有所不同。比如，理性的同学可能会意识到学校的规章制度是为所有学生考虑的，一旦有学生开了这个先例，可能会引起其他学生争相模仿，从而导致混乱和不公平的情况。

如果我们遇到这种情况，需要避免过度情绪化的反应，尽快冷静下来。我们可以寻求他人的帮助和建议，与同学、朋友、老师以及家人商讨是否存在更好的解决办法，并且按照规则行事。

作为她的同学或好友，我们需要在表达理解、同情和情感支持的同时，帮助她平复情绪，并为她提供理性的分析。我们不应让她陷入极端情绪之中，而是应当引导她寻求适当的帮助，包括联系家人和通知辅导员或老师，以确保她的生命安全和身心健康。

 心灵导语

一、危机的概念

危机是当人们面对重要生活目标的阻碍时产生的一种状

态。这里的阻碍是指在一定时间内，使用常规的解决方法不能解决的问题。危机是一段时间的人格解体和混乱，在此期间可能有过多次失败的解决问题的尝试。

危机既包含大多数人都有的一些特征，即共性，比如高考失利、失恋、失业、亲人离世等。同时，危机还具有年龄层次的特征，比如，对于儿童、青少年来说，经常被老师留下来罚抄作业，可能是一个危机事件，但对于大学生而言，他们并不认为这是一个危机事件。又比如，对于某些大学生来说，推免未成功可能是一个很大的危机事件，而对于另外一些大学生来说，他们并不认为推免未成功这件事是一个危机事件。因此，对于不同的人来说，危机既有共性，又有个体的差异性和特异性。

二、危机产生的原因和特点

危机是由生活目标的阻碍所导致的，人们相信用常规的选择和行为无法克服这种阻碍。

危机之所以是危机，是因为个体知道自己无法对某种境遇做出反应，或者内心没有任何的预防性措施、心理准备和解决方案，或即使有解决方案，但是与自己的预期落差过大，使得情绪失控，令人难以接受。危机是一些个人的困难和境遇，这些困难和境遇使得人们无能为力，不能有意识地主宰自己的生活。危机的产生使得同学们对自我定位产生怀疑。比如一位同学在原有的认知体系里，认为自己是一个优秀的人，但是考试屡次受挫让他对自己原有的定位产生怀疑，继而走向反面——认为自己是一个很差的人。他无法接受这样的自己，虽然自己清晰这也许是自己一时情绪不佳产生的错觉，但就是无法调整自己的情绪，进而出现危机。

危机是一种解体状态，在这种状态中，人们遭受重要生活目标的挫折，或其生活周期和应付刺激的方法受到严重的破坏。它指的是个人因这种破坏所产生的害怕、震惊、悲伤的感觉，而不是破坏本身。这种负面情绪极具杀伤力，可能会让自己认为曾经引以为傲的某些优点瞬间消失，在短期内无法调整情绪，没有能力重新对自己的内在生态进行复原和调整，最终导致情绪的失衡、解体甚至崩溃。

三、危机的发展阶段

（1）出现了一个关键的境遇，这个境遇一般是比较重要的或者是以前没有遇到过的，而自己的认知体系里没有存储相关的解决方案，这时就需要分析一个人的正常应付机制是否能够满足这一境遇的需要。

（2）随着紧张和混乱程度的提升，逐渐超出了个人的应付能力，这种情况会导致失控或混乱，破坏了自己原有稳定的心理生态环境，并导致恶性循环。

（3）需要解决问题的额外资源，这些额外资源有来自家庭、朋友、熟人等的社会支持，也有同学和老师等同辈师长的支持，也有来自网络上陌生人的支持，或者寻求专业的心理咨询的帮助。

（4）可能需要转诊才能解决主要的人格解体问题。人格解体是一种"不真实的体验"，就像有一种朦胧的感觉，一般是面对巨大的危机时产生的虚幻感和不真实感，有时候需要到精神科进行药物治疗。

四、危机对人的心理威胁

危机是一种认识，是当事人认为某一事件或境遇利用其个人资源和应付机制所无法解决的困难。除非及时缓解，否则危机会导致当事人情感、认知和行为方面的功能失调。危机造成的心理威胁既有情绪的失控，同时也有认知体系的崩塌。情绪的失控是指负面情绪产生的频率比较高，无论是恐惧、焦虑、担忧，还是后悔、自责等，都会长期存在。在认知方面即是对自己的不满、贬低、产生灾难化的联想等，对自我的定位也出现偏差，对自己认识比较负面，甚至出现自伤、自杀的行为，这些都是危机对人造成的心理威胁。

五、危机的类别

(一) 发展性危机

发展性危机是指个体在正常成长和发展过程中，急剧的变化或转变导致的异常反应。例如，高考、推免、留学等，都可以导致发展性危机。发展性危机在学生身上比较常见。比如，一个本科阶段学习成绩优异的同学在进入研究生阶段后，发现自己做研究工作不像本科阶段那样容易被认可，甚至经过努力却最终失败了，这时会出现自我怀疑和沮丧的情绪，这是因为在环境发生改变时自己没有做好准备，仍然沿用以前的方法和应对方式，没有根据环境和形势的变化及时请教别人，调整学习和研究的策略，对可能存在的困难没有一定的心理准备。未做好相应准备可能会导致个体在人生发展阶段上面临发展性危机。

(二) 境遇性危机

境遇性危机是指当出现罕见或超常事件且个人无法预测和控制时出现的危机。例如，交通意外、被骚扰、突发的疾病和死亡都可以导致境遇性危机。境遇性危机具有一定的突发性，我们无法确保自己可以避免这样的危机，所以需要平时做一定的知识和策略上的准备和储备。

（三）存在性危机

存在性危机是指伴随着重要的人生问题，如关于人生目的、责任、独立性、自由和承诺等出现的内部冲突和焦虑。这种情况在大学生身上比较常见。曾在北京大学心理中心工作的徐凯文老师说过，有的大学生存在"空心病"，指的就是这种情况，这反映了年轻人身上存在的一些现象，我们既在思考人生的意义，同时又在父母、家长的期待下专注于学业。然而，当我们进入大学后，可能会感到无所适从，因为当失去老师的关注、家长的陪伴，需要自己独立生活的时候，我们会有些不适应，并引发一系列深刻的思考：自己真正需要的是什么？父母的需要是我的需要吗？为什么要学习？人生忙忙碌碌到底是为了什么？这些思考虽然可能会引起危机，但实际上在某些方面是积极的，它可以促使我们更多地探索自己，去寻找人生的意义，去阅读更多相关方面的书籍，去参与对社会有益的活动，实现自己的价值。

六、解读大学生心理危机

比较常见的大学生心理危机有三种：第一种是学习压力导致的危机；第二种是人际关系导致的危机；第三种是一些突发事件导致的危机，比如遭遇电信诈骗。学习压力导致的危机产生的原因主要是，同学们来到新的环境，优秀的同学的比例比高中更高，对自身的定位也产生了挑战，自己也许不再是佼佼者，这些变化导致有些同学产生了心理危机，无法调整自己。人际关系导致的危机指舍友关系、班级同学关系，以及其他亲密关系等导致的危机。舍友关系中比较常见的危机是同学们由于生活习惯的不同导致了分歧，却又缺乏相互理解和谦让，反而针锋相对，导致危机出现。理解和"大我"思想往往是解决这些问题的重要方向和角度，因为人们之间的相处需要磨合和适应，也需要包容和理解。一些突发的事件，比如失恋，是大学生常见的心理危机之一。大学生受荷尔蒙影响及对亲密关系的社会需要，会对异性产生好感，但对恋爱关系没有成熟的认知。比如，有人认为恋爱会一直延续下去，他们无法接受分手；有人认为一旦走进亲密关系中，就感觉自己被束缚了，往往会因为一些小摩擦导致矛盾的出现。大学生处在探索自己的阶段，恋爱过程其实也是认识自我的过程。当我们发现对方不适合自己的时候，情感的依恋和投入会让有些人产生不甘心的感受和被欺骗的想法，由此导致了心理危机。

七、危机干预相关理论

危机干预理论可以帮助我们更好地认识危机和通过危机来更好地成长。以下理论可以帮助同学们思考和提升。

（一）精神分析理论

精神分析理论是指通过对个体无意识和过去情绪经历的理解，帮助求助者理解其行为的动力和原因。精神分析既可以通过自我学习、自我觉察和自我反省来达到，也可以通过咨询师的帮助来分析自己的潜意识或内隐的知觉。精神分析理论可以帮助大学生更好地认识自己，了解那些真正主宰自己行动的潜在认知，就像"盗梦空间"中所描述的那样，去挖掘更深层次的意识，以更好地领悟与提高。

（二）适应理论

适应理论是指适应性不良行为、消极的思想和损害性的防御机制对个体的危机起维持的作用。因此，该理论假设当适应性不良行为改变为适应性行为时，危机就会消退。有心理学家指出，良好的适应环境的能力是心理健康的重要标志之一，同学们很多心理危机的产生与适应能力差有关系，这就需要平时多进行仿真模拟训练，对一些可能出现的危机事件提前进行模拟演练，提高心理承受能力和解决问题的能力。

（三）人际关系理论

人际关系理论是指如果人们相信自己，相信别人，并且具有自我实现和战胜危机的信心，那么个人的危机就不会持续很长时间。该理论对危机和危机干预的理解在于，它认为一个人的控制权的外失与他的危机会持续相等的时间。其目的在于将自我评价的权利交回自己的手中。人际关系理论在大学生的咨询中运用比较常见，因为很多危机的产生与大学生的评价机制有关，即过度依赖外在的评价，自我评价也被外界评价所屏蔽和左右，这就需要建立坚实的自我评价机制，学会相信自己的判断，把外界的评价作为辅助，这样就可以更好地度过心理危机。

（四）系统论

系统论的基本观点认为"在一个生态系统中，所有的要素都相互关联，且在任何相互关联水平上的变化都会导致整个系统的改变"。应用于危机和危机干预时，其关注的焦点不是强调处于危机中的个体的内部反应，而是关注人与人、人与事件之间的相互关系和相互影响，常涉及一个情绪系统、一个沟通系统和一个需要满足系统，且所有属于系统的成员都对别人产生影响，也被别人影响。其最大的突破在于不仅从当事人的线性因果关系角度来考察危机，还扩大到社会和环境的范畴来考察。因此，危机是复杂的、难以理解的，它不遵守一般的因果关系规律。危机的症状就像一张网，个体环境的所有方面都相互交叉在一起。通过系统论我们可以看到大学生的心理危机往往不仅是某一方面的问题，还可能是整个系统的问题，需要从整个系统层面进行调整。比如，一名研究生因无法适应新的学习要求出现抑郁症状，不想学习，甚至不想起床，对导师的安排和要求比较排斥。通过系统论的角度进行分析发现，该学生因为在大学本科期间成绩优异，参加很多活动都能获奖，他已经习惯了这种"努力—成功—及时评价机制—自信"的模式，但是在研究生阶段很多努力不是马上就能转化为成果，这需要他具有百折不挠的精神，有的时候还得会迂回前进。因为没有成绩就没有掌声和鲜花，所以该生原有的生态系统已经无法满足现阶段的研究生生活，需要全方面升级，而不是仅仅改变单一的某一方面。

身边故事和案例

某大一男生，入学后国庆节前夕被网络上的骗子以辅导员的名义骗了钱，先是被骗 2000 元，后又被骗 5000 元。骗子知道他的一些个人信息，导致他对提及的内容深信不疑。经过这一件事以后，他神思恍惚了很久，不敢相信自己这个大学生居然无法识破这样的骗局。一想到父母要辛苦一个月起早贪黑才能赚到这些钱，他就觉得心乱如麻，强烈的悔恨让他彻夜难眠，甚至父母有时候也会责怪他。识破骗局后的第二周，他忽然觉得周围的人都在议论他、嘲笑他，当他走过人群，所有的人都在窃窃私语。这时候他来到了学校心理健康咨询室，咨询师评估他可能得了精神疾病。后来他转诊到精神科，经过定期服药，后来顺利毕业。

　　案例解读：这个案例是真实的，就发生在我们身边，给了我们一些警示。每年都会发生被骗事件，对于该男生而言，被骗经历是突发性事件，虽然金额不大，但是对于一个刚刚从高中升入大学的学生来说，这算得上是一笔巨款，因此，强烈的负面情绪让他久久不能平静。此外，在发现自己被骗以后，他没有得到理解和支持，反而被父母指责，这就加深了自己的负罪感，强烈的心理冲突和心理负担让他的精神防线崩塌。虽然现在的精神医学一般认为负面事件不是精神类疾病的致病因素，而一般认为是诱发因素，但是从这个案例中的学生来看，被骗对他来说无论如何也是难以接受的。

　　一些精心制作的骗局往往抓住了学生的弱点，让人防不胜防。如果发现被骗后，该男生身边的人能够给他一些支持，哪怕是言语安慰，他都会好受很多。

　　总结：就这个案例来看，一方面我们要擦亮双眼，多了解一些常见的骗局，坚持不轻易借钱、转款、投资、借贷，更不可参加网络赌博，凡是涉及钱款的事情多和家人商量，向老师报告；另一方面，一旦遇到较大的负面事件，可以向学校的心理老师、辅导员及家长寻求帮助，避免出现更糟糕的事情，及时止损。此外，在遇到一些糟糕的事情时，需要学会冷静、理性分析，向外寻求帮助，一味地指责自己非但于事无补，还会让事情走向极端，导致自己的损失进一步扩大。

 小练习

　　可以列出在大学期间出现的或者可能出现的一些挫折，要学会将自己的一些负面认知模式，替换成一些积极的认知模式。

 **心海导航**

Q1. 我自己或同学被性骚扰或性侵害后，如何缓解心理上的痛苦和伤害？

A：首先，如果遇到这样的事情，会给人带来心理创伤。心理创伤的本质是创伤性记忆，这样的记忆本质上是不会消失的，它留下的烙印非常深。在一些人的心目中，就像昨天刚刚发生过一样记忆犹新。一名性侵害的受害者会有强烈的耻辱感和恐惧感，会产生自己是"不好的""不干净的"等诸多不良信念。身边亲近的人应该帮助和引导受害者消除和纠正错误信念，如自己是有罪的、应该受到责备等，并帮助受害者重新评价和构建自己的信念。需要转移注意力，可以通过看书、运动或者学习来改善受害者对事件本身的关注。如果伴随抑郁、自杀、无法控制自己的悲观情绪等情况，应建议受害者及时到当地心理卫生中心就医。

Q2. 我该如何判断和识别精神障碍？

A：简单地说，精神障碍的特点是出现心理状态的异常（如出现"妄想"——病态的判断和推理，因而是与事实不符的错误想法；"幻觉"——客观现实中并不存在的事物，病人却有感知；情感淡漠——不关心周围的一切，或绝望悲观情绪占主导；躁狂性兴奋——高兴情感占主导而不分场合，对自己过分夸大而不自知），并且当事人会把现实与幻觉、妄想相混淆。同时，他们的行为能力会发生改变，并超出社会所能承受的限度，如无故挤眉弄眼、做鬼脸，行为不可理解，不知道动机目的何在。人们普遍认为精神病是"受刺激"引起的，其实直到今天，精神病学研究仍认为，大多数精神病病因未明。当然，少数精神病人发病前曾遇到过不愉快的事情，但研究结果表明，这些不愉快的事情只是发病诱因，而非发病原因。精神病的治疗主要是药物治疗，靠心理疏导是无法真正缓解病情的，但在病情稳定期间可以起到辅助作用，如果发现类似情况，要及时送医治疗。

Q3. 如何应对精神疾病所引发的突发状况、自伤或伤人事件？

A：当精神病患者试图伤害自己或他人时，往往处于发病状态，这时，患者已经缺乏自制力。在这种状态下，患者已经变成与平时截然相反的一个人，我们无法通过讲道理、试图说服和劝阻的方法来平息患者的激动情绪和伤害性行为。这时我们要在保护好自己的情况下拨打110，同时通知学校辅导员等。

Q4. 如何应对身边出现的感情纠纷引发的自伤、伤人与威胁事件？

A：青年人尤其是大学生在面对情感问题时容易出现非理性行为。研究结果表明，人在恋爱时，大脑的高级脑区受到不同程度的抑制。如果恋情受到挫折，青年人较容易出现"非理性冲动性自杀行为或者威胁"。青年人处在是非道德观和世界观逐渐形成的时期，对很多问题认识不清，因此具有盲目性，不计后果，甚至错误地认为自杀是解决问题的有效形式。当然还有一部分青年人，自幼受到娇惯、宠爱，缺乏挫折锻炼，一旦遇到挫折心理就承受不了，以至于试图以恐吓性的自杀来左右他们的环境、影响周围的人，使他们继续给自己爱和同情，给自己以关注。如果发现身边有人突然发出自杀警告时，周围人不能掉以轻心，要考虑到他们有冲动性自杀的可能；我们也要消除常见的错误想法，即认为"谈论自杀的未必会自杀"。最好的防止非理性冲动性自杀的办法是，可以立刻告诉他"自杀太容易了，现在还是稍微冷静一下"，在稳住他的情绪的同时，通知学校辅导员和相关的心理辅导老师。

Q5. 发现身边同学因课业挫折、压力过大引发自伤甚至自杀行为，我该怎么办？

A：大学生如果出现学业挫折，一般有几种原因：一是自己平时不努力，如因贪玩、恋爱等原因耽误学业，考试的时候临时抱佛脚又没有达到效果；二是不喜欢所学专业，对学习没有兴趣；三是比较努力，但考试时总是挂科。其实，无论是哪种原因，学业挫折都会带来自尊心受挫，没脸见人，感觉对未来没有希望，认为自杀可能是解决问题的办法。一般这种情况，如果出现了自杀的念头，学生内心的矛盾斗争会非常激烈，如"若自杀，实在对不起生我养我的父母；若不去死，又没有能力学好自己所面临的课程，毕不了业，自己的理想抱负将化为泡影"。这种苦恼的情绪会让人无法自拔。这时候，学生一般会企图得到别人的帮助和理解，可能会采取隐蔽的方式，如谈论别人的自杀等来提醒周围人对自己的注意。如果得不到丝毫外来的帮助，学业受挫折者就会坚定自杀的信念。如果你发现身边的同学出现这样的求助信号，应及时安慰并给予一定的帮助，伸出热情之手拉他一把，可能就会使他摆脱困境。如果没有解决问题，应及时帮助他寻求学校心理辅导老师的帮助。

Q6. 如果出现学生连续意外死亡引起的校园恐慌，我该怎么办？

A：人在面对他人死亡的时候，总会产生发自内心的恐惧和害怕，会不自觉地向外界寻求相关信息来解释这种现象出现的原因。如果信息不明确，这种恐慌的情绪会在同学中传播，引发群体性非理性的行为。如果你身处其中，一定要冷静，等待最新消息公布。在此之前，不要做从众和盲目的举动，往往这一类的行动才会对你造成真正的伤害。

Q7. 如果出现劫持行为，我该怎么办？

A：如果出现校园劫持事件，你作为被劫持者，一定要了解劫持者的心理，保护好自己的生命安全。在劫持事件发生期间，劫持者和被劫持者的情绪都会处于恐慌状态，尤其是劫持者，情绪往往是亢奋的，理性降低，对任何威胁都可能采取极具攻击性的反应。为了将意志强加于人质，劫持者的一般信念是人质必须服从，因此劫持者会反复袭击、辱骂甚至杀害他认为有碍于自己的人质。所以，如果你不幸成为人质，自我保护的方法包括：一是不要逞英雄，接受现实，等待救援；二是听从指令；三是非万不得已不要说话；四是不提建议，尽量休息；五是不要争吵，留意观察；六是慎重使用欺骗手段，尊重劫持者；七是获救后及时说出自己的感受，情绪宣泄后才会使你的心理负担减轻。

Q8. 怎么识别抑郁症？抑郁症有哪些特征？

A："抑郁"一词运用很广泛，比如说，当不好的事情发生时，人会感到悲伤和沮丧。然而，日常生活中的忧郁和伤心都不属于抑郁症。大部分感到忧郁的人都会经历一段短暂的抑郁心境，在没有治疗的情况下能自己处理并很快恢复。抑郁症属于一种心境障碍，症状至少持续两周，并且影响到工作、日常生活和人际关系。抑郁的症状主要包括：异常的悲哀心境；对以往感兴趣的事情失去兴趣；疲劳，缺乏活力；经常想到去死或希望去死；行动迟缓或变得易激惹，而且很难平静；睡眠困难或者嗜睡；尽管没有犯错，但感到无价值感和愧疚。

Q9. 如果遇到师生冲突，我该怎么办？

A：如果身边出现师生冲突，不要试图去帮助任何一方，可以向对双方说："人都有不冷静的时候，我们最需要的就是冷静。"如果你帮助老师，会让同学一方感到势单力薄，甚至将矛头转到你；如果你帮助同学，老师一方同样也可能做出更加不理性的行为。这个时候可以试图转移一下他们的注意力，递上一杯水，打断他们的冲突，往往胜过千言万语。

Q10. 如果有人要跳楼自杀，我该怎么办？

A：如果出现有人想跳楼的状况时，等待救援的时候往往是非常重要和关键的时刻。首先，让跳楼者知道你很关心他并且乐意给予帮助；其次，应该直接询问他的自杀想法，不要刻意回避使用"自杀"这个词。在询问时不要害怕，也不要表达出任何消极的评价。针对性的提问包括："你现在有自杀的想法吗？""你正考虑结束自己的生命吗？"你在提问的过程中表现出自信有助于帮助他澄清问题。请记住，谈论自杀就是自杀者对自己糟糕表现的一种表达方式。

交谈时，包括几个要点：一是对当事人的当下感受表示理解和共情；二是向当事人表明自杀想法通常伴随可治愈的精神疾病，从而带给他希望；三是自杀观念很常见，但不一定要付诸行动。自杀观念通常是寻求帮助的托词，也是绝望地逃避问题和痛苦情绪的企图。身边的救援者应该尽量鼓励当事人表达自己，因为他们需要这样的机会去谈论自己的感受、想死的理由，以及死亡可能带来的解脱感。

 他山之石

斯金纳

人的一切行为几乎都是操作性强化的结果。

埃里克森

独身生活方式可能有其方便之处，但假若一个人不能超越这种生活方式，就会导致情绪和个人满足感发展的严重滞后。

弗洛伊德

凡人皆无法隐瞒私情，尽管他的嘴可以保持缄默，但他的手指却会多嘴多舌。

马斯洛

心若改变，你的态度跟着改变；态度改变，你的习惯跟着改变；习惯改变，你的性格跟着改变；性格改变，你的人生跟着改变。

艾森克

人格是生命体实际表现出来的行为模式的总和。

阿德勒

生活的意义在于奉献、对别人发生兴趣以及互助合作，不能认识到则会产生错误的生活意义。

荣格

人类存在的唯一目的就是要在纯粹自在的黑暗中点起一盏灯来。

（编写者：汤万杰）

第八章　生命教育

　　小李，一个充满活力的大学生，热衷于校园活动，成绩优异，对未来充满无限憧憬。然而，一场突如其来的疾病打破了他平静的生活，诊断结果是他长了一颗罕见的心脏肿瘤，需要立即进行手术治疗。这个消息犹如晴天霹雳，让小李和他的家人陷入了深深的忧虑和恐惧之中。

　　手术的风险、高昂的医疗费用、未来的不确定性……这一切让小李感到前所未有的无助和绝望。在医院的病房里，他开始反思自己的生活，曾经忙碌于学习和社交的他，忽略了身边的风景和内心的声音。他意识到，自己从未真正停下脚步，去感受生命的美好和意义。哪怕是日常生活中最习以为常的走路、跑步等活动，现在也难以胜任。

　　在漫长的康复过程中，小李开始阅读、冥想，与家人和朋友深入交流。他意识到，生命中真正重要的不是名利和成就，而是健康、亲情、友情和内心的平和。他学会了感恩，感激那些在他生病期间给予他无私关爱和帮助的人，感激每一次呼吸，每一次心跳，感激曾经被忽视的每个器官，感激生命赋予他的第二次机会。

出院后，小李的生活发生了翻天覆地的变化。他不再急于追求外在的成功，而是更加注重内在的成长和与他人的连接。他加入了志愿者组织，利用自己的经历去鼓励和帮助那些同样面临困境的人。他开始关注自己的身心健康，定期锻炼，保持积极的生活态度。

上述这个故事告诉我们应该感恩我们所拥有的平淡的甚至是有缺憾的生活。因为当这些消失的时候，我们会渴望再度拥有它们。在本章稍微后面一些还会继续探讨这个故事的含义。本章将分四个部分探讨关于生命的话题，第一部分是人本主义对人性的探讨，第二部分是对生命的哲学思考，第三部分关于感恩，第四部分则是就大学生可能遇到的一些实际问题进行解答。

心灵导语

一、人本主义对人性的探讨

心理学家马斯洛的一生都在研究人性的问题，从 20 岁读大学起直到生命的最后几个星期，他都在向世人宣告：人类有较高层次的天性，而这本身就是人类本质的一部分，简单一点来说，由于自身的人类天性，人才有潜力成为了不起的人。

马斯洛认为，尽管人类可能自私、贪婪、好斗，但这些并非最根本的天性。透过表层，从心理学和生理学角度看人类的本性，我们会发现最基本的善良和尊严。当人们表现得不那么善良和正派时，那只是因为他们正在对压力和痛苦做出反应，或者因为安全、爱和自尊等基本的需求没有得到满足。这些需求没有得到满足，人们就会提出像给我吃的、给我安全、爱我、尊重我这样的需求。

假设一个人满足了这些基本的需求，那么这个人更有可能展示出生长性动机。由于少受匮乏性动机的限制，人们的生活更真实。而这种与现实未加过滤的、没有媒介的直接交流，带来一种更高级的能力。

拓展阅读

小张在上大学前是同龄人中的佼佼者，长期保持第一名的成绩，但上了大学之后，他发现周围优秀的同学很多，而且大家的综合素质很强，所以小张逐渐觉得焦虑，甚至不安，总觉得自己一旦没那么优秀了，就会失去父母的夸赞和朋友的认可。通过生命教育，他学会了珍惜当下，开始积极参与校园活动，慢慢接纳自身的局限和同学的闪光点，坦诚地表达内心的担忧。之后，他发现自己担心的情况并没有发生，内在的安全感越来越强了，与父母和同学的关系越来越亲密，也越来越能够享受大学生活。

除此之外，人们的生活不过于纠结，更能够接受自己、他人和世界。在解决问题时，他们不会把自我放在首位，不用时时刻刻考虑自我，有一种超脱的特性。同时，他们以健康的心态包容自己的本性，吃得好，睡得香，能无条件地接受自己，包括负面的经历，认为自己的一切都有价值。同时，人们还在这种内在的自由和自发性展示出潜在的创造性。马斯洛把这样的人称为自我实现者。

马斯洛在《需要与成长：存在心理学探索》一书中阐述了自我实现并非少数人的特权，而是人类天生内在的一种高度。它可以被看作是一种关乎程度和频率的事情。任何人都至少在某一时段呈现出自我实现者，他们变得更真实，更完美地发掘着自己的潜力，与自己的本质更接近，更像一个完整的人。

【小练习——写一封给未来的信】

请大家给未来的自己写一封信，可以写下对未来的期望、目标、担忧等。信件可以存放在一个安全的地方，或者寄给未来的自己。

通过这个练习，你或许可以更加了解自己的需求，也更加关注自己的未来，明确自己的目标和期望，从而更加珍惜现在的生活和学习机会。

二、对生命的哲学思考

第二次世界大战期间，存在主义心理学家维克多·弗兰克尔（Viktor Frankl）在集中营的四年的经历使他对死亡有了独特的看法。下面是他回忆当时的经历：

自然而然地，我挺直身体走向那个官员，以使他注意不到我身上的负重。接着我跟他面对面站着。他是个瘦高个儿，穿着合身且一尘不染的制服。多么强烈的反差！我在漫长的路途中搞得乱糟糟、脏兮兮的。他一副无忧无虑的轻松之态，用左手托着右手肘，他的右手扬着，食指轻轻松松指左或指右。我们没有一个人知道这个人轻轻动动手指将意味着会有怎样不好的事情。轮到我了。之前有人悄悄告诉我说可能被分到右边意味着干活，到左边意味着人生病了或无法干活，这些人将被送

121

到一个特殊的集中营里。我就在等命运降临到我头上。这次之后还有很多次这样的经历。我的背袋把我坠得向左边倾斜，但是我努力走直。那个人仔细看了看我，面带迟疑，接着把他的两个手放在我的肩膀上。我尽可能让自己看起来聪明，然后他慢慢地把我的肩膀转向右边，我向右走去。

当天晚上这个手指游戏的重大意义解释给了我们。这才是第一次的选择，第一次对我们的生或死的裁决。对于我们那一批被运过来的 90% 的人来说，这意味着死。对这些人的裁决在接下来的几小时内就生效了。这些被分到左边的人坐上了直接开往火葬场的火车。①

集中营的经历让弗兰克尔思索生命的意义。他不把死亡看作是威胁，而是将它看作是催促人们好好去生活的动力，希望人们利用每个机会去做有意义的事。其实不只是曾经活在生死边缘的人们会思考生命的意义，每一个人在不同的时候都会思索这个问题。人们会问诸如"我为什么活着""我的生活里什么才是有意义的""我为什么是现在这个样子"这样的问题。存在主义心理学认为，人们需要在生活中感知到意义。这种意义感是人们对客观现实的解释来源和发展价值观的途径。因此，在心理治疗中治疗师应注重帮助来访者发现生活的意义。

弗兰克尔认为如果一个人刻意去寻找生命的意义，他将无法获得答案。意义是从一个人的生活以及与他人的关系中浮现出来的。如果一个人太过于关注自我，他就会失去对人生的客观判断。基于此，弗兰克尔发展出意义治疗法（logotherapy）帮助人们面对生活意义的困扰。意义治疗法包含四个方面的治

---

① FRANKL V E. Man's search for meaning: An introduction to logotherapy [M]. Boston: Beacon Press, 1992: 25.

疗技术：调整态度，逆反思，自相矛盾的意图，苏格拉底对话。通过调整态度，人们发展出更健康的动机。例如：有一位厌学的来访者，他对学习的态度非常消极，生活得很不开心。经过向心理咨询师的咨询，来访者意识到自己厌学的行为其实是为了反抗父母的过度管控。与此同时，他也发现自己对学习其实是有兴趣的，从而发展出更有利于自身的动机，既能够为自己学习，也能够用其他方式拒绝父母的过度管控，因此重获新生。在逆反思中，人们的注意力从自己身上移开。类似地，自相矛盾的意图要求人们适当地增加一些自己的症状并学会幽默地看待自己。苏格拉底对话是通过一系列提问引导人们发现生活的意义，评估现在的生活，并发现自己的力量。这些技术可以帮助人们不再沉浸在自我中，通过关注他人和事件发展生活的意义。

美国知名心理治疗大师欧文·亚隆（Irvin Yalom）做了一系列对癌症病人的研究，他发现这些人意识到的生命的意义远比他们得病之前深刻得多。他举了一个病人的例子：

Eva，一个五十岁出头死于卵巢癌的人，在帮助别人的活动中她度过了一段非常有滋味的生活，强烈体会到了生命的意义。在面对死亡的时候，她和其他人一样，但又不一样。她的死确实是"死得其所"，尽管我不想用这个词。在 Eva 生命的最后两年里，几乎所有和她接触过的人的生命都得到了充盈。当她最初得知自己得了癌症并且又得知癌症已经扩散的时候，她陷入了绝望，但很快从中摆脱出来，转而开始做一些事去帮助别人。她在得了绝症的儿童的病房中当志愿者。她仔细审查了很多慈善机构以便为她的遗产捐赠做一个明智的决定。很多老朋友在得知她患了癌症的一开始逃避与她接触，Eva 就去拜访他们，告诉他们她理解疏远自己的原因，并没有丝毫怨恨，但是希望这些朋友们可以对自己谈论他们的感受，因为谈论这些对他们将来面对自己的死亡是有帮助的。①

【小练习——生命线】

请在白纸上画出一个时间轴，标记出自己生命中的重要事件和节点，包括出生、上学、重要的人际关系、未来的规划等。通过这个练习，你可以直观地回顾自己的生命历程，理解生命的连续性和发展性，从而更好地规划未来。

三、关于感恩

本章开头的故事带我们领略了"感恩生命"的力量。那么只有当情况变得更糟的时候，人们才感恩自己曾经拥有的好事吗？就像人们常说的生病时才感恩健康，身处危险或失去至亲挚友时才感恩生活，经历了低潮才能体会幸福。为什么是这样？

（一）人的适应性

为了生存下来，人类在长期的进化过程中对非常态的事物尤为敏感，这往往导致我们对常态事物的忽略。非常态的事物可能意味着毒药、野兽、自然灾害等不好的事物，感知到这些意味着更大的存活率。此外，人的注意力是有限的，会屏蔽掉周围的噪声，以使自己专注在要完成的事情上。从一定程度上来说，人的适应性是好的，它帮助人们发现危险，适应不良的环境和不幸的遭遇。但它也有坏处，即我们也会适应周围美好

---

① IRVIN YALOM. Existential Psychology [M]. New York: Basic Books, 1980.

的事物，对于周围的美好麻木，习以为常，不再心存感激。

我们不必等到失去现有，甚至是在灾难性事件发生后，才感恩自己周围的美好。时常进行"感恩"能带给人们快乐和满足。

【小练习——学会感恩】

请回忆一位你非常感激的人。如果你曾对他表达过感激之情，请描述一下当时的情境。你有什么感受？这样的经历对你的生命有哪些影响？如果你未对他表达过感激之情，你会想要对他说些什么或者做些什么吗？可以想象一下，如果你表达了感恩之后，对方会有什么反应？同时，请认真体会一下你的感受。

"感恩"可以帮我们的生命制造良性循环。当我们感恩生活的美好，美好就会增长。当我们感恩他人，他人会感到快乐；当他人感恩我们，我们也会感到幸福。这样一来，人与人之间就建立起了良性循环。奥普拉是个非常重视感恩的人，她曾经说："你专注的东西会变大，当你专注于生活中的好事，你会创造更多好事。当我学会不管我的生活中发生了什么，我都感恩的时候，机会、恋情，甚至金钱都会向我滚来。"反之也是，如果我们忘记了生活中的美好、恋情的美好、国家的美好，只关注痛苦，那么痛苦也会增长。

实际上，我们很幸运，生活在和平的国家，有宽敞的教室、漂亮的校园、健康的身体、干净的食堂，有同学的陪伴、负责的老师。像吉尔伯特·基思·切斯特顿（G. K. Chesterton）所说："你们在餐前感恩，很不错。但我也会在听音乐会和歌剧前感恩，在我打开一本书或是画素描前感恩。在画画、游泳、击剑、拳击、走路、玩乐、跳舞前，在把钢笔蘸进墨水前，我都会感恩。"下次在你打开书本前，也可以感恩自己能有这样安宁而不被打扰的学习的空间。在你上课之前，也可以感恩自己的老师在竭尽全力地把所学所感传达给自己。只要你去想，就有数不尽的可以感恩的人和物。

（二）感恩的心理学意义

感恩使人们感受到更鲜活的生命。前文提到了亚隆对于癌症病人的研究。参加他实验的人中有的还有半年、三个月的生命，有的只剩下一个月的生命。这些人却出人意料地说着"我这辈子第一次觉得自己活着，为什么呢？因为我这辈子第一次懂得呼吸的价值""这么多年来我第一次感激我的丈夫（我的妻子）、孩子、花、草、谈话"。回想以前，他们觉得自己只关注了困难，而没有看到生命是这样的生动和珍贵。

感恩对于人的身体和心理健康都有好处。罗伯·艾曼斯（Robert Emmons）和迈克尔·麦卡洛（Michael McCullough）做过类似的研究，他们随机把一些人分成四组：第一组每晚睡觉前写下至少五件他们感激的事。第二组写下至少五件生活中遇到的坏事。第三组写下至少五件自己比别人优秀的事。第四组是对照组，可以写发生在自己身上的任何事。结果指标显示第一组的人最快乐、最乐观，最有可能实现目标，对别人最大方、宽厚，也最健康。而第二组的人的结果是最差的。还有一些研究表明，当人感激时，副交感神经系统功能加强，能使人变平静，从而增强免疫力。

"修女实验"证明了乐观使人长寿这个道理。该实验从1932年开始，178位年龄在22岁左右的修女在完成培训后，准备开始传教。她们接受了方方面面的测试，其中一项是写关于自己经历的传记。研究者关注哪些因素可以影响这些修女的寿命，结果发现修女们的思维水平、生活环境、虔诚的程度与寿命都没有关系，唯一相关的因素是乐观水平。研究者把所有的传记按照乐观程度分为四组，前四分之一是最乐观的，中间二分之一的人一般乐观，还有后四分之一是最不乐观的。在85岁时，前四分之一的人中有90%还活着，最不乐观的四分之一人中只有34%还活着。在94岁的时候，最乐观的四分之一当中有超过一半的人还活着，而后者只有11%的人还活着。这项研究的意义很重大，仅是凭乐观水平这一项就能比较准确地预测谁能长寿。

当然，乐观的人也有烦恼、忧虑、怨恨、愤怒、伤心等消极情绪，他们明白这些是人之常情。但乐观者在不利的境遇里也能找到值得感恩的人或物，他们明白伤心会过去，痛苦的事件会结束。在挫折中，他们会想办法扭转心境或尽量让自己好过一些。他们会允许自己作为真实的人而活着，允许自己失败、犯错，也允许别人犯错误，允许自己花时间从不顺中恢复。完美主义则不同，完美主义的人对失败有强烈的情绪。他们认为如果一个人不是完美的则一无是处，要么卓越非凡要么庸庸碌碌，没有中间地带。

（三）养成感恩的习惯

感激对心理健康来说，不只是一种状态，还是一种性格。其实很多人并没有足够感恩我们的生活，不管是对这个和平的年代，我们的国家、朋友、家人、同学、老师，还是对我们的健康、食堂、校车、一草一木。大卫·斯坦德尔－拉斯特（David Steindl-Rast）说：培养感恩需要经过一次又一次的练习，直到它变成我们的第二天性。感恩之心能衡量我们活得有多生动，让我们对习以为常的东西不再麻木。

积极心理学家泰勒·本－沙哈尔（Tal Ben-Shahar）对于养成感恩的习惯有以下几点建议：

（1）有意觉察。将注意力集中在一两件日常会做的事情上，可以是你早晨在餐厅喝的豆浆，也可以是你走在宿舍门口外的树荫下面，还可以是你睡觉前闭着眼睛专注地独自听着的音乐。花时间让自己成为生活的鉴赏家。

（2）刻意练习。泰勒有个习惯就是每晚睡觉前写下自己感激的五个人或事。他认为要想养成感恩的性格，就要每天练习。

（3）变换角度。专注地体会生活，观察每件事、每个人的不同方面，有助于产生新鲜感。

另外，养成感恩的习惯还意味着改变固有的不乐观的思维习惯。虽说乐观在某种程度上是由基因决定的，但是同样可以通过后天的培养而改变，从而生活得更幸福。现在我们就可以检查一下自己是不是乐观的人，例如，观察自己与他人的对话、日记、内心的对话等。另外，每天早晨醒来观察自己有什么情绪，是不是有消极的情绪，如果有，这个时候要给自己叫个暂停，告诉自己该看到生活里积极的方面。早晨的心情很重要，如果早上感觉不错，这种好的心情通常可以持续一天。另外，对身边的人练习发自内心的感激。

心海导航

Q1. 感觉活着没有意义，我该怎么办？

A：了解自己生命的意义非常重要，但存在主义心理学家维克多·弗兰克尔（Viktor Frankl）认为，如果一个人刻意去寻找自己的生命意义，他将无法找到。一个人生命的意义是在他与别人连接中、在他生活的事件中浮现出来的。当你发现自己沉浸在这个问题里走不出来的时候，不妨想办法让自己关注在与他人的交往上，以及日常的事情中。生命的意义是在生活里浮现出来的，不是想出来的。如果你还是走不出来，被这个问题困扰，可以寻求长辈、老师、朋友，以及心理咨询师的帮助。

Q2. 我有"玻璃心"该怎么办？

A："玻璃心"的人对他人的情绪和需求敏感，常常是善解人意的好同学。但"玻璃心"的人在理解和表达自己情绪方面似乎有一定的困难。当"玻璃心"的人发现自己又因为一件小事沉浸在受伤的情绪里，先学着叫"暂停"。因为一直觉得自己受到了伤害和不公，对自己的身心健康有害，暂停之后可以让自己做些喜欢的事以分散注意力、平静自己的情绪，待自己的情绪好转后冷静地回顾当时客观地发生了什么，而不是自己想象发生了什么。

另外，"玻璃心"的人可以试着把自己的想法和感受跟对方沟通而不是藏在心里。注意，沟通的时候不要责备对方，用第一人称客观地分享自己的感受和想法即可。记住，沟通的目的是让双方增进了解从而让自己好受些，不是为了责备或改变对方。

"玻璃心"的人要把自己照顾好，得好好练习上文中提到的感恩。

Q3. 遇到了不幸怎么办？

A："做一个能承受不幸的人。一个能够承受不幸的人，实际上是减小了不幸对自己的杀伤力，尤其是不让它伤及自己的生命核心。相反，一个不能承受不幸的人，同样的不幸就可能使他元气大伤，一蹶不振，甚至因此毁灭。因此，看似经历了同样的不幸，结果是不一样的。做一个能承受不幸的人，这是人生观的重要内容。承受不幸不仅是一种能力，来自坚强的意志，更是一种觉悟，来自做人的尊严，与身外遭遇保持距离的智慧和超越尘世遭遇的信仰。"①

 他山之石

《需要与成长：存在心理学探索（第3版）》亚伯拉罕·马斯洛　著

这本书是一部心理学经典之作，本书出版以来，人本主义心理学已成为继精神分析心理学和行为主义心理学之后第三股心理学思潮。人本主义在教育、临床治疗、自我完善、工商、组织学和管理学、国际关系等领域中得到了广泛的应用。人本主义的出现是心理学的一场革命，它也是一种新的处事之道、一种对人类的新的设想。书中对于人性的探讨良性，能够给自己和他人的人生提供丰富的意义。

《活出生命的意义》维克多·弗兰克尔　著

作者独特的人生经历为他思考人生提供了天然的素材。书中，他从存在主义的角度围绕人生的意义和存在的价值进行深入探讨和解答，发人深思。

《生命的品质》周国平　著

这本书以散文集的形式阐述了周国平对于生命的内在意义的看法，他认为人应该有意义地活着。书里分享了一些他的生

---

① 周国平. 生命的品质［M］. 长沙：湖南人民出版社，2012：56—57.

平见闻和一些故事，读起来简单轻松。

《哈佛幸福课》丹尼尔·吉尔伯特　著

这本书是 2011 年出版的积极心理学书籍。书中列举了大量怪诞的实验，引用了大量的心理学和行为科学方面的研究成果，证明了这样一个事实：你以为中大奖可以让你幸福无比，被解雇会让你一蹶不振，但事实上，中奖的幸福感远没有你预期的那样强烈持久，被解雇的失落感也远没有你想象的那么痛苦。我们都有一个与生俱来的"幸福基础值"，生活中的成就与挫折，往往只是短暂地改变我们的幸福水平。很快地，我们就会回归自己的"幸福基础值"。

那么，如何才能撞上幸福呢？吉尔伯特认为，现代社会的人们拥有自主的选择权，有史以来第一次，我们的幸福掌握在自己手中，所以人们应当"智慧地购买"幸福，提升自己的"幸福基础值"。

（编写者：王瑾一）

第九章　急　救

　　当今世界，地震、台风、海啸已屡见不鲜，火灾、车祸、空难也时有发生，意外伤害、突发疾病更是任何时候都可能降临。大学生们若能掌握一些挽救生命、减轻伤痛以及在危险情况下自救、互救的基本急救知识，便能在天有不测风云之时、人有旦夕祸福之际消除或降低危险，打开生命之门，救人救己。我们也希望大学生在学习和掌握急救知识的同时，传递爱心，成为自身、家庭和社会急救知识的传播者和受益者。

一、基础生命支持

　　2015年2月，北京朝阳医院唐子人医生到美国加州圣迭戈海洋公园游玩时，遇到一名美国女游客突发心搏骤停，倒在地上。唐医生随即上前施救，为她进行胸外心脏按压约10分钟，直至专业救护人员携带除颤仪后到场急救，最后女游客成功脱险。

　　目前心搏骤停仍是人类意外死亡的一个原因。心搏骤停的发生有不同的原因（心源性的或非心源性的）、不同的环境（有目击者或无目击者）和不同的地点（医院外或医院内）。我国每年心源性猝死人数达54万，平均每天约有1500人死于心搏骤停，居全球之首，而60%以上的猝死者都发生在医院之外。心搏骤停的抢救必须争分夺秒。有数据显示，心搏骤停后4分钟内开始急救，成功率可达到50%，4~6分钟开始急救，成功率降至10%，而超过10分钟才开始急救，抢救成功的可能性极小。因此，心搏骤停后的每一秒都是珍贵的。

基础生命支持（Basic Life Support，BLS）是心搏骤停后挽救生命的基础，就是在心搏骤停后的第一时间，运用最基本的措施帮助病人度过心搏骤停引起的全身器官组织和细胞的缺血缺氧期，为后续治疗争取时间，为提高患者的生存率、器官功能恢复，甚至是社会功能的恢复争取时机。基础生命支持的要点包括立即识别心搏骤停、早期启动急救系统、早期进行心肺复苏和早期进行自动体外除颤仪（AED）除颤。具体操作步骤如下：

（一）确认现场环境安全

在医院外确认不明原因倒地者是否为心搏骤停之前，必须先确认现场周围环境是否安全。现场救援的第一原则就是保证自己的安全（尤其是对非专业人员而言），因此，在施救前判断救助地点是否安全非常重要。一般来说，如果在普通的路边或家中发现患者倒地或无反应，判断其与灾害性事件无关，其周围环境通常也较为安全；若是由车祸、煤气泄漏、地震、洪水等灾害性事件所致，则需要根据现场感受，通过眼观、耳听、鼻嗅等对异常情况做出判断，避免在施救过程中遭受某些继发事件的威胁，造成不必要的伤害。

（二）识别心搏骤停

如果发现一位成年人无反应或目击其晕倒，在确认周围环境安全的情况下，应立即上前轻拍患者的双肩，并在患者双侧的耳旁大声地呼喊："××，您怎么了"，以判断患者的反应。

同时扫视患者的胸廓，观察胸廓是否有起伏，以判断患者是否有自主呼吸。如果施救者发现患者没有反应、没有呼吸或不能正常呼吸（如仅有喘息），应视为心搏骤停。

（三）启动急救系统

如果发现患者无反应、无呼吸或不能正常呼吸，应立即拨打急救电话（120）启动急救系统。施救者至少应向电话调度员提交以下信息：地点、事件、患者人数、患者情况、正在进行的抢救措施以及联系方式。如果施救者完全不会或忘记了如何进行心肺复苏，应接受调度员的电话指导，直至电话调度员结束通话才能挂掉电话。

（四）胸外心脏按压

判断患者出现心搏骤停后应尽早实施心肺复苏，以胸外心脏按压开始。其基本原理是：心搏骤停患者的胸廓有一定弹性，胸骨和肋软骨交界处可因受压而下陷。因此，按压胸骨可通过增加胸廓内压力（胸泵学说）以及直接压迫心脏（心泵学说）产生前向血流。

操作要点：

（1）施救者将患者平放于坚硬的平面上，呈仰卧位。

（2）施救者紧靠患者一侧。为确保按压力垂直作用于患者胸骨，施救者应根据个人身高及患者位置高低，采用踏脚凳或跪式等不同体位。

（3）按压部位：患者双乳头连线的中点，胸骨的下半段。

（4）操作手法：施救者双手平行重叠，十指相扣，指尖上翘，以手掌根部接触患者胸骨。保持双肘关节伸直，利用上身重量垂直下压，按压深度5～6厘米，之后立即放松，解除压力，让胸廓自行复位。如此有节奏反复进行，按压与放松时间大致相等，按压频率每分钟 100～120 次。

注意事项如下：

（1）按压部位要准确。若部位太低，可能损伤腹部脏器或引起胃内容物反流至气道；若部位太高，则可能伤及大血管；若部位不在中线，则可能引起肋骨骨折、肋骨与肋软骨脱离等并发症。

（2）按压力量要均匀适度，以达到 5～6 厘米深度为目标。过轻达不到效果，过重易造成损伤。

（3）按压姿势要正确。按压时注意肘关节伸直，双肩位于双手的正上方，手指不应加压于患者胸部。

（4）为保证胸廓充分回弹，在用力下压后的放松期，施救者不应向胸廓施加任何压力，避免在按压间隙倚靠在患者胸上。

（5）胸外心脏按压需要配合人工呼吸。无论是单人施救还是双人施救，均为先做胸外心脏按压 30 次，再行口对口人工呼吸 2 次，如此反复进行。

（6）操作过程中，应尽量减少胸外心脏按压的中断，胸外心脏按压占心肺复苏中时间的比例至少为 60%。

（五）开放气道

患者意识丧失后下颌肌松弛，舌根后坠，压迫咽后壁，舌骨同时后退，声门趋于关闭，引起气道阻塞，会造成通气困难。开放气道以保持呼吸道通畅，是进行人工呼吸的首要步骤。施救者将患者仰卧，打开患者口腔，用一手抓住患者的舌和下颌向前拉，可部分解除梗阻，然后观察口腔内是否有可视的异物，如果有，可用另一只手或镊子取出异物。然后选用以下手法开放气道：

（1）仰头抬颏法，适用于颈椎无损伤者或托下颌法不能打开气道的颈椎损伤者。其操作要点是患者平卧，施救者一手的手掌内侧置于患者前额，手掌用力向后向下压以使其头后仰，另一手的手指放在靠近颏部的下颌骨，将颏部向前抬起。

（2）托下颌法，适用于疑有头颈部创伤的患者，因为将此类患者头后仰，颈部过伸可能进一步损伤脊髓。其操作要点是：患者平卧，施救者用双手同时将左右下颌角向前向上托起，将下颌骨前移，但不后仰头颈部。需要注意的是，如果托下颌法不能保证气道开放，还是应该采用仰头抬颏法。

（六）人工呼吸

为心搏骤停患者开放气道后，应立即连续给予 2 次人工呼吸。口对口人工呼吸是最简单可行的人工呼吸法，适用于自主呼吸消失或无足够自主呼吸的患者。其操作要点是：开放气道后，施救者用压前额那只手的拇指、食指捏紧患者双侧鼻翼以封闭鼻腔，"正常"吸气（不是深吸气）后，双唇紧贴患者口部，形成口对口密封状，匀速吹气 1 秒钟以上，同时观察胸廓起伏，吹气时患者胸部抬起视为有效。吹气结束，施救者头稍抬起并侧转换气，同时松开捏鼻孔的手，让患者的胸廓及肺依靠其弹性自动回缩，排出肺内的二氧化碳。然后施救者再"正常"吸气，进行第二次吹气，时间超过 1 秒。注意避免过度通气。整个人工呼吸过程中务必要确保气道处于开放状态。

（七）电击除颤

心室颤动是发生心搏骤停的常见原因。早期电击除颤对救治心搏骤停至关重要，电击除颤的时机是关键。在心搏骤停发生 1 分钟内实行电击除颤，患者存活率可达 90%，以后每延迟电击除颤时间 1 分钟，复苏的成功率将下降 7%～10%，超过 12 分钟则患者生存率会降到只有 2%～5%。

自动体外除颤仪（Automated External Defibrillator, AED）是一种便携式的医疗设备，可经内置电脑分析和确定患者是否需要予以电击除颤，全自动的机型甚至只要求施救者替患者贴上电击贴片后，即可自己判断并产生电击。半自动机型则会提醒施救者按下电击按钮。自动体外除颤仪的语音提示和屏幕显示使操作更为简便易行。即使是大多数非专业人员，只需稍加培训便能熟练操作自动体外除颤仪。国内外很多人群聚集的地方，如购物中心、机场、车站、饭店、体育馆、学校等地方，以及紧急医疗服务都有配备。

自动体外除颤仪到达复苏现场后应立即使用。具体操作步骤如下：

（1）开启自动体外除颤仪包。

（2）打开电源。

（3）根据语音提示，选择成人电极片，按图示粘贴电极（一般是右胸上方及左胸下外方）。

（4）将电极片与仪器连接后仪器自动分析心律。

（5）若语音提示需要除颤，手动按下除颤按钮，仪器按预设能量放电。若语音提示不需要除颤，则继续进行心肺复苏。

如果是全自动自动体外除颤仪，施救者只需打开自动体外除颤仪翻盖，粘贴电极，其余自动完成。

施救者一旦完成电击除颤，应立即开始胸外心脏按压，实施5个循环的心肺复苏（30次胸外心脏按压，2次人工呼吸为一个循环）后再次检查脉搏或评估心律。电除颤前后中断胸外心脏按压的时间要最短化。除颤时所有人员应避免接触患者。

（八）基础生命支持总流程

（1）确认现场环境安全。

（2）识别心搏骤停。

（3）启动急救系统。

（4）胸外心脏按压 30 次。

（5）开放气道。

（6）人工呼吸 2 次。

（7）以 30∶2 的比例交替进行胸外心脏按压和人工呼吸。如果有两人以上参与施救，可以一人负责胸外心脏按压，另一人负责保持气道开放和人工呼吸，按压和通气比例仍为 30∶2。每进行 5 个按压通气循环（约 2 分钟）的心肺复苏后两人进行钟摆式交换，轮流实施胸外心脏按压。

（8）自动体外除颤仪到达复苏现场后应立即使用。完成电击除颤后继续以 30∶2 的按压通气比例进行心肺复苏。

（9）每进行 5 个按压通气循环后检查一次患者的意识、呼吸和脉搏，直到患者有意识或专业急救人士到达现场。

二、创伤的止血、包扎、固定和搬运

在我国，目前创伤已成为城市居民中排第 4 位的死因和农村居民中排第 5 位的死因。在发达国家，创伤在所有疾病的总病死率中居第 4 位，在儿童与青壮年中为第 1 位。创伤患者有 50％死于到达医院前，有 30％死于急诊治疗过程中，只有 20％死于治疗后的并发症中。创伤后的第 1 个小时在临床上被称为"黄金 1 小时"。重度多发伤、严重创伤和失血性休克患者的伤后"黄金 1 小时"内，前 10 分钟被称为"白金 10 分钟"。由此可见，创伤急救的快速化和灵敏化对于患者的救治极其重要。创伤的现场急救技能主要包括止血、包扎、固定和搬运。

（一）止血

出血是创伤后的主要并发症。正常成人全身血量占体重的

7%～8%，即一位体重 60 千克的人，血量约为 4200～4800mL。失血量≤10%（约 400mL）时，伤员可能有轻度的头昏、交感神经兴奋症状或无任何反应；失血量达 20%左右（约 800mL）时，伤员会出现失血性休克的症状，如血压下降、脉搏细速、皮肤湿冷、意识模糊等；失血量≥30%（约 1200mL）时，伤员发生严重的失血性休克，不及时抢救，会很快死亡。

人体的血管系统包括动脉、静脉和毛细血管。不同的血管出血，危险性不同。一般来说，毛细血管出血往往呈点状或片状渗出，色鲜红，可自行凝固止血。静脉出血与毛细血管出血相比，呈较缓慢流出，色暗红，出血量逐渐增多。最危险的出血为动脉出血，血液可随心脏的收缩而大量涌出，呈喷射状，色鲜红，出血速度快，出血量大。

目前，常用的止血方法包括指压止血法、加压包扎止血法和止血带止血法，具体介绍如下：

1. 指压止血法

指压止血法是通过用手指将出血动脉近端压向邻近骨骼表面，从而达到止血的目的。不同的部位出血，采用的指压部位及方法不同，常用指压方法如下：

（1）颞动脉压迫法：用于头部发际范围内及前额、颞部的出血。操作时施救者一手固定伤员头部，另一手压迫耳屏前方凹陷处。

（2）面动脉压迫法：用于颌部及颜面部的出血。操作时施救者一手固定伤员头部，另一手压迫下颌角前上方约 1.5 厘米处。

（3）肱动脉压迫法：用于手、前臂及上臂中远端出血。操作时施救者一手握住伤员并外展外旋患肢，另一手压迫肱二头肌内侧沟肱动脉搏动处。

（4）尺桡动脉压迫法：用于手部的出血。操作时施救者双手拇指分别在腕横纹上方肌腱两侧动脉搏动处垂直压迫。

（5）指动脉压迫法：用于手指出血。操作时施救者两手指分别压迫指根部两侧。

（6）股动脉压迫法：用于大腿、小腿或足部的出血。操作时施救者两手拇指重叠放在腹股沟韧带中点稍下方、大腿根部搏动处用力垂直向下压迫。

2．加压包扎止血法

一般小静脉和毛细血管出血，血流很慢，可用消毒纱布、干净毛巾或布块等敷料盖在创口上，再用三角巾（可用头巾代替）或绷带扎紧，直接压迫出血部位从而达到止血目的。操作时施救者应先检查伤口有无异物，确认无异物后用足够厚的敷料覆盖伤口，敷料大小要超过伤口边缘至少3厘米，最后用绷带、三角巾等加压环形或螺旋形包扎。值得注意的是，止血时压力要足够，以伤口敷料无明显渗血为度。四肢创伤加压包扎止血后应适当抬高患肢，以减轻水肿和出血。伤口内有碎骨片时，禁用此法，以免加重损伤。

3．止血带止血法

四肢较大动脉的出血，或采用加压包扎后不能有效控制的大出血时可选用止血带止血法。

（1）勒紧止血法：用带状布料扎两道，第一道作为衬垫，第二道压在第一道上，并勒紧。

（2）绞紧止血法：此法的操作要领为"一提二绞三固定"。先用三角巾或是现场的布料平整地绕伤口一圈，两端向前拉紧打活结，并在一头留出一小套，以小木棒、笔杆、筷子等做绞棒，插在带圈内，提起绞棒绞紧，再将木棒一头插入活结小套内，并拉紧小套固定。

（3）橡皮止血带止血法：先在肢体上止血带的位置加衬垫，以橡皮止血带绕患肢 2～3 圈后拉紧，将末端压在橡皮带下面。

止血带止血不仅是一种应急措施，还是一种极其危险的措施，操作不当可能出现血管、神经、软组织的严重损伤，甚至出现急性肾功能不全等全身并发症。操作过程中应注意以下几点：

①止血带一般选择布条、皮带、橡皮管、弹性绷带、气压止血带等，禁用细的电线、铁丝、绳索等。

②上止血带的位置应该是创口的近心端，一般上肢在上臂的上 1/3 处，下肢在大腿中部。

③上止血带的部位必须先垫衬棉垫、毛巾、布块等，或绑在衣服外面。

④上止血带时要注意松紧适当，过紧会压迫损害神经或软组织，过松起不到止血的作用，反而增加出血，一般以停止出血或远端动脉搏动消失为度。

⑤要认真记录上止血带的时间，用止血带时间不能太久，最好每隔 40～50 分钟放松一次，放松时用指压止血法暂时止血，放松 1～3 分钟后，在比原部位稍低平面重扎。

日常生活中应根据出血部位及现场的具体条件选择最佳的止血方法，有时也需要几种方法联合使用。一般来说，指压止血法是临时的止血法，是现场急救最简洁的应急措施，可以为我们寻找包扎用物赢得时间。一旦找到用物，如手帕、毛巾、布条等，可以采取安全有效的加压包扎止血法。若是小伤口，只需用清水或生理盐水冲洗干净，盖上消毒纱布、棉垫，再用绷带加压包扎即可。静脉的出血除了上述的方法，还应该局部压迫伤口，用压力使血流变慢、血凝块易形成，以达到止血的目的。动脉的止血先用指压止血法，根据具体情况改用其他的方法，如止血带止血法。

（二）包扎

包扎是现场应急处理的重要措施。及时正确的包扎方法，可以达到压迫止血、减少感染、保护伤口、减轻疼痛，以及固定敷料和夹板等目的；相反，错误的包扎可导致出血增加、感染加重，甚至造成新的伤害、遗留后遗症等不良后果。

包扎的材料可以是绷带、三角巾，也可以就地取材，利用身边干净的毛巾、头巾、手帕、衣服、丝袜、围巾等。常用的包扎方法有以下几种。

1. 环形包扎法

环形包扎法是最基本、最常用的方法，适用于粗细相等部位的短小伤口。操作时施救者将绷带做环形缠绕，第一圈环绕稍呈斜形以便固定绷带，避免滑动，第二圈将第一圈斜出的一角压于环形圈内，最后环绕数周用胶布或别针固定。

2. 螺旋包扎法

螺旋包扎法适用于粗细基本均等部位的较长、较大伤口。操作时第一圈与第二圈同环形包扎法，从第三圈开始将绷带做螺旋形向上缠绕，每绕一圈重叠 $1/3\sim1/2$，必要时可重叠更多。

3. 反螺旋包扎法

反螺旋包扎法适用于粗细不等部位的较长、较大伤口。操作时第一圈与第二圈同环形包扎法，之后每圈均将绷带或布条向下反折，并遮盖其上一圈的 $1/3\sim1/2$，反折部位应相同成一直线。

进行包扎时要注意充分暴露创口，先简单清创并盖上消毒纱布，然后再进行包扎，不能用手和脏物直接接触伤口。操作时要小心谨慎，以免加重疼痛或导致伤口出血或污染。包扎时松紧要适宜，过紧会影响局部血液循环，过松容易使敷料脱落或移动。一般要求包扎后要能扪及远端动脉的搏动。包扎方向为自下而上、由左向右，从远心端向近心端包扎，有助于静脉血液的回流。包扎打结时要注意避开伤口。

（三）固定

对于创伤后可疑骨折、关节脱位或扭伤的伤员，应予以患处适当的固定，这样可以减轻伤痛，避免搬动过程中骨折断端移位以及软组织、血管、神经或内部器官的进一步损伤，也有利于防止休克。

用于固定的材料有很多，最常用的是木制的夹板，有各种长短规格，以适合不同部位的需要，外包软性敷料。创伤现场也可以就地取材，寻求竹片、木棍、树枝、硬纸板等用物，甚至是报纸、书本、雨伞等。还可以直接用伤员的健侧肢体或躯干进行临时固定。

不同部位创伤的固定方法有所不同，但总的原则如下：

（1）髋关节固定：夹板固定时，其长度与宽度要与骨折的肢体相适应，长度应超过骨折上、下两个关节。

（2）夹板不可与皮肤直接接触，其间应用棉垫或其他软物衬垫，尤其是夹板两端、骨隆突处以及悬空部位应加厚衬垫，防止局部组织受压或固定不稳。

（3）固定松紧要适度，以免影响血液循环。一般捆扎的布条宜保持上、下能移动 1 厘米。

（4）固定后适当垫高患肢，以利肿胀消退、减少出血。

肢体骨折固定时，一定要将肢端露出，以便随时观察末梢血液循环情况，如发现肢端苍白、发冷、麻木、疼痛、浮肿或青紫时，说明血液循环不良，应立即松开检查并重新固定。

（四）搬运

意外发生后，应将伤者搬离受伤现场，转移到安全的地方，或经初步处理后转送至医院进行后续处理。搬运的基本原则是及时、安全、迅速，防止再次损伤。根据现场的条件、施救人员的数量及伤情，搬运的方法主要分为两大类：

1. 徒手搬运法

（1）一位施救者搬运。

①扶行法：适宜清醒、没有骨折、伤势不重、能自己行走的伤员。

方法：施救者站在伤员身旁，将其一侧上肢绕过施救者颈部，用手抓住伤员的手，另一只手绕到伤员背后，搀扶行走。

②背负法：适用于年老或年幼、体重轻、伤势不重、没有胸廓及四肢骨折（尤其是下肢骨折）的伤员。

方法：施救者背朝向伤员蹲下，让伤员将双臂从施救者肩上伸到胸前，两手紧握。施救者抓住伤员的大腿，慢慢站起来。如有上、下肢，脊柱骨折不能用此法。

③爬行法：适用于狭窄空间或浓烟的环境下。

④抱持法：适用于年幼的或体重轻的非骨折、伤势不重的伤员，是短距离搬运的最佳方法。

方法：施救者蹲在伤员的一侧，面向伤员，一只手放在伤员的大腿下，另一只手绕到伤员的背后，然后将其轻轻抱起伤。如有脊柱或大腿骨折，则禁用此法。

（2）两位施救者。

①轿杠式：适用于清醒的伤员。

方法：两名施救者面对面各自用右手握住自己的左手腕，再用左手握住对方的右手腕，然后蹲下，让伤员将双上肢分别放到两名施救者的颈后，再坐到施救者相互握紧的手上。两名施救者同时站起，行走时同时迈出外侧的腿，保持步调一致。

②双人拉车式：适用于意识不清的伤员。

方法：两名施救者，一人站在伤员的背后将两手从伤员腋下插入，把伤员的两前臂交叉于胸前，再抓住伤员的手腕，把伤员抱在怀里，另一人反身站在伤员的两腿中间将伤员的两腿抬起，两名施救者一前一后地行走。

（3）三人施救者。

方法：三名施救者站在伤者的同一侧，一人用双手抬肩、一人抬臀部、另一人抬小腿部，三人同时将伤者抬起后，将伤者面对搬运者搬运。

（4）多位施救者。

方法：伤者两侧各站数人，间隔平均，手掌向上，用手臂的力量，共同将伤者抬起。

2. 担架搬运法

担架搬运法是最常用的搬运方法，适用于病情较重、搬运路途较长的伤员。在意外现场没有担架的情况下也可以自制担架，如用两根木棒架起椅子，用一根木棒两头加上绳索捆绑住木板或帆布加木棍等制成简易担架。

使用担架搬运时要注意以下几点：

①采用约束带进行固定，以免伤员从担架上跌落造成二次损伤。

②搬运时保持病人头部向后，足部向前，便于观察病情。

③搬运脊柱损伤的患者时要保持脊柱伸直，严防颈部与躯干前屈或扭转。尤其是对于颈椎损伤者，一般要有 3～4 人一起搬运，1 人专管头部的牵引固定，保持头部与躯干成一直线，其余 2～3 人蹲在伤员的同一侧，1～2 人托躯干，1 人托

下肢，一齐起立，将伤员放在硬质担架上。伤员的头部两侧用沙袋固定住。腰部垫一软枕，以保持脊椎的生理弯曲。

需要掌握的急救技能还有很多，当事故与灾难从天而降，面临生活中的种种意外时，你准备好了吗？让我们现在就行动起来，为了自己和他人的健康，努力学习！

（编写者：四川大学华西医院急诊科　陈瑶）